资本背后，看不见的「手」

解读投资的逻辑

王文革 / 著

北京联合出版公司
Beijing United Publishing Co., Ltd.

图书在版编目（CIP）数据

资本背后，看不见的"手"：解读投资的逻辑/王文革著．-- 北京：北京联合出版公司，2018.5
ISBN 978-7-5596-1735-4

Ⅰ．①资… Ⅱ．①王… Ⅲ．①投资—研究 Ⅳ．① F830.59

中国版本图书馆 CIP 数据核字 (2018) 第 026874 号

资本背后，看不见的"手"：解读投资的逻辑
作　　者：王文革
选题策划：北京时代光华图书有限公司
责任编辑：宋延涛
特约编辑：陈海文
封面设计：可圈可点工作室
版式设计：王杨帆

北京联合出版公司出版
（北京市西城区德外大街 83 号楼 9 层 100088）
北京晨旭印刷厂印刷　新华书店经销
字数 153 千字　787 毫米 × 1092 毫米　1/16　13.5 印张
2018 年 5 月第 1 版　2018 年 5 月第 1 次印刷
ISBN 978-7-5596-1735-4
定价：58.00 元

未经许可，不得以任何方式复制或抄袭本书部分或全部内容
版权所有，侵权必究
本书若有质量问题，请与本社图书销售中心联系调换。电话：010-82894445

推荐序　投资这点事

投资这点事，关键是要成功。何谓成功？见仁见智；怎样成功？八仙过海。其中的关键，又在于投资者的思维和行事逻辑要清楚管用。因此，读到文革这本专讲资本和投资的逻辑的书稿时，我的第一感觉，是文革在资本市场和投资领域浸淫和用心二十多年，确实已是有自家清楚的逻辑，而且个中精华，也在于其清楚和管用。

我的第二个感觉，则是中国已富起来，投资已不仅是机构之事，更是大众之事，长远之事。所以普及一下投资的基本逻辑，非常符合新时代的社会需求和特征。近二十多年，一些人快速暴富，但很多财富得益者的心态和能力还是滞后的，善于、敢于捞第一桶金，却疏于、弱于将已经获得的财富通过有智慧的投资发扬光大。其中的根本原因，我想是创办企业、运作企业时，感性、运气等不确定因素所占比重更大，也就是所谓的"一命二运三风水四努力"；但到了投资时，理性和努力的重要性远远超过其他不确定因素。如是，则讲究投资的逻辑，又是做投资的一项基本功了。

至于第三个感觉，则需要回到我在篇首提出的问题，那就是何谓投资成功。一般的回答是赚到钱，多赚钱。但再深究，是不是只要赚钱，可以英雄不问出处？显然不是。"君子爱财，取之有道"，"得道"，才是投资成功的终极标准。要得到这个"道"，逻辑也还只是起点，人生的情怀和愿景才是不息的动力和目标。

  最后值得讲一讲投资人如何应对、认识自身能力以外的力道。如书名所言，资本背后是有"手"的，有的看不见，有的看得见。作为财富管理起源地的西方，很长一段时间内崇尚的是对看不见的"手"的感知和修炼，也就是感知经济和社会趋势，感知行业和科技趋势，感知市场起伏趋势，由此而修炼自身的专业能力和心力，与市场共舞，实现成功。但是，在现代经济中，政府之手或强或弱，早已成为市场中人不敢忽略的关键性要素。权力基于责任，常常会出手改变市场格局，因此，投资的决策，不得不把政府的政策变化作为重要的判断因素。当然，行政的力量最终还是要被市场大潮同化，成为现代市场的一个独特组成部分。

  大家都知道中国和世界经济都进入了新的发展阶段，这一新阶段的核心元素是科技和资本。在这样的大背景下，投资弄潮儿真实的生活场景，就是持续的修炼，本书就是对这一生活场景，全景式地展现。

> 亚商集团创始人、上海交通大学教授、上海股权投资协会前理事长、中国企业家论坛创始理事。

自序 — 为什么投资要讲逻辑？

可能不少人都有一种共同的感觉：很多国人缺乏逻辑，就一个特定的事或物展开针对性的讨论时，常常不知不觉地偏离原来的议题。

逻辑，指的是思维的规律和规则，是对思维过程的抽象。逻辑能够对人的思维起到规范作用，让人的思维更加全面、深刻和理性，对世界的认识更加正确，对问题的处理也会更加合适。

从历史上看，中国人缺乏逻辑是有传统的。如著名的"白马非马"的辩论就是一个典型案例，在千古一帝秦始皇"车同轨，书同文"、统一度量衡之后，历史上皇帝独尊儒术，追求中庸，大大扼杀了逻辑萌芽被认同和传播的可能性，所以众多的现代科技发明都没有中国人的份。

属于中国文化精华的中医、太极、易经等都是描述性的，虽然有利于修身养性，但侧重于文学、教育、伦理而缺乏自然科学的数理分析，也就缺乏逻辑。正因为缺乏严密科学的分析，所以无论中医还是太极、易经等，都有许多种解释，而且每家说法都认为自己才是正宗的。

人们自然而然地就会，也只能依靠最原始的思维习惯来思考。其思考的结论只是根据某些经验，通过不完全归纳、简单类比等思维方法得出，其结论往往是缺乏逻辑的。

举一个后期墨家的例子："舟，木也，故入舟，入木也。"也就是：因为 A=B，所以 CA=CB。从形式上说似乎没有错误，但前后两个"木"的内涵和外延是不同的，所以结论就错了。如果翻译成英文，问题就迎刃而解了：A boat is made of wood, to enter into a boat is to enter into something made of wood.

既然凡事都有逻辑，投资更不能例外，因为稍有不慎，真金白银的投入就会打水漂。投资牵涉宏观到微观的方方面面，从宏观的国际国内经济形势、产业政策、行业发展趋势等到微观的企业商业模式、投资估值、投后管理、退出路径等都需要符合逻辑。而在现实中，投资领域不符合逻辑的项目比比皆是。

有因宏观条件和经济形式考虑不周而失败的。众所周知，一个地方想建高铁，应该同时满足有钱、有足够的人口密度和充足的电力供应这三个条件，但中国中铁股份有限公司 2009 年却在这三个条件连一个都不具备的条件下与委内瑞拉国家铁路局签订高铁合同，最终在亏损 75 亿美元后不得不停工。

有因行业发展趋势考虑不周而失败的。前几年，在著名的义乌小商品市场，有个 10 平方米的旺铺的 5 年使用权（注意：不是产权，产权在国家手上）转让价竟然高达 1000 万元人民币，而根据当年经营情况预测的后面五年净利润差不多也只有一千多万，再加上电商的冲击，如今的转让价格大跌，只有原来的几分之一了。

有因在商业模式尚未明确下对概念过于热捧而失败的。有些项目总的市场规模狭小，进入门槛低或者地域局限性很大，甚至仅仅是个想法，类似黄太吉、泡否等 90 后创业的企业，其估值却是动辄上亿元人民币，最终此类企业的结局大家也都知道了。

总体而言，不符合产业政策、没有核心竞争力、市场狭小、股权结构不合理等情况，任何公司只要符合其中任何一条，都不符合投资的逻辑，也不应该获得投资。现在流行各种投行思维、跨界思维、裂变思维、杠杆思维、创新思维、大数据思维、复利倍增思维、共享经济思维等等，不符合逻辑的都不是正常的思维，也不可能给企业利润带来真实的增长。

我的团队每年会看数以千计处于不同阶段创业公司的商业计划书，去数以百计的企业实地考察、调研，与企业家和基层工作人员直接交流。在多年的投资实务中，经历和见到太多企业和企业家的浮沉，本书是我和投资界的朋友多年的所思所想、所作所为的结晶，希望对读者有所启发和借鉴。

目录

第一辑 投资环境：当前形势下，我们投什么

第一章 > 我们的投资机会在哪里 · 002

第二章 > 如何对付"门口的野蛮人" · 009

第三章 > 为什么企业不缺资金，也需要融资 · 012

第四章 > 为什么中国制造业企业要迁往他国 · 018

第五章 > 为什么中国概念股（红筹股）回归成为热潮 · 022

第六章 > 为什么早期道琼斯指标股只有一家尚在名单 · 027

第二辑 投资运作：运筹资本，让你的利益最大化

第七章 > 哪里上市最划算 · 032

第八章 > 如何评估一个企业的价值 · 052

第九章 > 公司治理，股权结构决定生死 · 060

第十章 > 如何合理运营并购基金 · 066

第十一章 > 对赌博弈：一荣俱荣，一损俱损 · 073

第十二章 > 共享单车的赢利模式和未来前景 · 079

第十三章 > 两强相争，合并才是归途 · 083

第三辑

投资热点：未来会有哪些火爆的投资项目

第十四章 > 选择有巨大成长机会投资项目的依据·088

第十五章 > 医疗行业——永远的朝阳产业·102

第十六章 > 共享经济大有可为·116

第十七章 > 人工智能的风口·123

第十八章 > AR/VR 投资前景广阔·132

第十九章 > 机器人会大行其道吗·141

第二十章 > 为什么物联网比互联网更接地气·145

第四辑

商业模式：企业赢在起跑线上的秘诀

第二十一章 > 为什么中国公司主要商业模式是追随型·156

第二十二章 > 为什么阿里、腾讯等国内大公司的投资方都是外资·159

第二十三章 > 品牌的价值可以有多大·162

第二十四章 > 为什么说星巴克已经成为一种生活方式·166

第二十五章 > 打破边界，麦当劳靠商业地产赚钱·172

第二十六章 > 网红的变现模式是怎样的·177

第二十七章 > "××联"商业模式的利弊分析·187

第二十八章 > 十年打造三家上市公司的团队神话·196

○ 后 记 ○　204

第一辑

投资环境：当前形势下，我们投什么

第一章 > 我们的投资机会在哪里

投资与宏观经济发展形势密不可分。对于过去和未来几年中国经济的走势，政府官员、企业家、经济学家的看法不尽相同，有的人认为是 L 型，也有的人认为是 V 型，还有的人认为是 U 型[1]，但都承认目前中国经济下行的事实。

经过 40 年的改革开放，中国经济建设取得了举世瞩目的成就。十九大报告指出，十八大以来，中国经济建设取得一系列重大成就。中国经济保持中高速增长，在世界主要国家中名列前茅，国内生产总值从 54 万亿元人民币增长到 80 万亿元人民币，稳居世界第二，对世界经济增长贡献率超过 30%。供给侧结构性改革深入推进，经济结构不断优化，数字经济等新兴产业蓬勃发展，高铁、公路、桥梁、港口、机场等基础设施建设快速推进；农业现代化稳步推进。粮食生产能力达到 12000 亿斤。城镇化率年均提高 1.2 个百分点，8000 多万农业转移人口成为城镇居民。区域发展协调性增强，"一带一路"

---

[1] 均为对经济运行走势的预测。前期都表现为经济持续下滑直至触底；到后期，L 型表现为进入长时间的相对低迷状态，V 型表现为进入相对快速的反弹恢复状态，U 型表现为缓慢恢复至某个节点后进入快速恢复状态。

倡议、京津冀协同发展、长江经济带发展成效显著。创新驱动发展战略大力实施，创新型国家建设成果丰硕，"天宫二号"空间实验室、"蛟龙"号载人潜水器、"天眼一号"超级计算机、"悟空号"探测卫星、"墨子号"量子卫星、大飞机等重大科技成果相继问世。开放型经济新体制逐步健全，对外贸易、对外投资、外汇储备水平稳居世界前列。

但中国在发展过程中出现的弊端，也触目惊心，引人深思。十九大报告中也提到，中国正面临不少困难和挑战，特别提到经济发展质量和效益还不高，创新能力不够强，实体经济水平有待提高，生态环境保护任重道远；城乡区域发展和收入分配差距依然较大，群众在就业、教育、医疗、居住、养老等方面面临不少难题。

中国每 1 美元 GDP 消耗的能源是美国的 4.3 倍、法国和德国的 7.7 倍、日本的 11.5 倍；随着经济体量的迅速增大，维持多年的高增长率也难以为继。对制度和模式的考量，加上以下的宏观因素，决定了未来数年的中国经济不得不适应 L 型的长期相对低速状态。

今天中国经济走到这个门槛上，我们应该冷静下来思考中国经济面临的挑战：贫富差距、教育匮乏、人口红利的消失等等问题，这些都将影响中国未来经济增长。

然而正如马云所说的"哪里有抱怨，哪里就有机会"，市场经济国家的经济周期波动是很正常的，当今世界整体经济表现不佳的时候，作为世界第二大经济体的中国仍然有 6% 的经济增长率，这在全世界来看，都是不错的增长速度，本身就孕育着很多的投资机会。原因如下：

第一，中国的企业总数高达 6000 万家（主要是民营企业），因为庞大的企业基数,哪怕好企业是万里挑一,对于股权投资机构来说,也是庞大的数字,会有很多值得投资的好企业。政府特别鼓励创业创新。2014年9月,李克强总理发出了"大众创业、万众创新"的号召,各级政府给予创业企业许多扶持优惠政策,在各个领域,尤其是新经济领域涌现出很多值得投资的企业,滴滴、摩拜单车等有些企业很可能成长为独角兽。

第二,在经济低迷的时候,更能看出哪些企业是真正拥有发展潜力的,正如一句名言所说"只有当潮水退去的时候才知道谁在裸泳";同时,经济低迷的时候也是估值趋向合理的时候,在经济高速增长、股市红火的时候,拟被投企业往往会自我膨胀,估值偏高。像重庆力帆这样生产摩托车的传统企业,在2009年创业板开通不久、经济(股市)景气时的私募股权投资市盈率竟高达15倍,众多投资机构争先恐后要投资,一般机构没有关系根本投不进去。如在经济低迷的时候布局,在复苏的时候套现,不失为股权投资的良性循环。

第三,中国加入世界贸易组织(WTO)已经17年,早已融入了世界经济一体化的浪潮,但我国核心和关键技术的对外依存度依然高达50%~60%(先进国家一般低于30%),新产品开发70%依靠外来技术。从全球产业链上看,可以根据技术类型分为四个梯队:第一梯队是以美国为主导的全球科技创新中心;第二梯队是高端制造领域,包括欧盟、日本;第三梯队是中低端制造领域,主要是一些新兴国家;第四梯队主要是资源输出国,包括石油输出国组织(OPEC)、非洲、拉美等国家和地区。目前我们仍然处于第三梯队,即中低端制造领域。在大多数高科技领域,美国仍然遥遥领先于世界,现在流行的人工智能、大数据等技术,其实在60多年以前,就开始在美国生根发芽;英国在新材料、新能源、大数据、汽车发动机、飞机发动机、金融科技等领域领先世界；以色列领先的技术包括信息安全或数字安全、高科技农业、航天航空、生物制药、污水处理、海水淡化、高端医疗仪器等。中国目前的发展路径是引进发达国家先进技术，到国内孵化投资、发展壮大，因为中国有世界上最多的人口、最大的市场和有钱又支持创业的政府。

对于投资人来说，如何选择投资方向？可以重点关注下面一些行业。

一、共享经济行业

共享经济把全世界所有零散、分散和闲置的资源，通过互联网和大数据整合起来，大大提高了资源的使用效率。共享不仅包括车子、房子或者衣食住行等领域有形的东西，而且我们的劳动、资金、技能、时间，一切东西都可以共享。

共享经济在旅行住宿共享、物流共享、交通共享、服务共享、闲置用品共享等方面大有可为。如共享单车不仅解决了城市最后一公里问题，有助于缓解城市交通，还救活了日益衰退的自行车产业。

在目前国内市场，共享经济在出行领域渐成规模，预测今后发展的方向主要以车、房等高价值的闲置资源和面向人的标准化服务为主。整体上看，共享经济正在交通、租房、教育、社区等很多垂直领域，以极快的速度和想象力铺开，不少新产品都杀出了一条血路，而未来在国内的很多领域都有可能被实践。

二、医疗行业

医疗行业总体上受经济周期波动的影响不大，而且随着经济的发展，人们对自己的健康会越来越重视，这一行业的价值将会达到万亿级。

医疗行业与人们生活密切相关，市场巨大，且总体上是技术密集型和资本密集型的行业，因此一直受到各类资本的青睐。该行业呈现出以下特点：

第一，中国医疗市场规模巨大，在人口老龄化、城镇化、财富增长及基本医疗保障制度等因素的驱动下近几年迅速扩容。

第二，人口老龄化、生活水平的提高、生活方式的改变、财富的增长及全民医保制度的推进都在推动医疗服务市场的扩大。现阶段，我国老龄化的速度有所加快，2016年我国60岁及以上人口达到2.31亿，占总人口数的16.7%。老年人发病率高，疾病医治疗程长且常伴有并发症；同时，老年人也多患有慢性疾病，需要长期护理和用药，因此是医疗服务的高消费群。人口的老龄化势必伴随着更高的对于医疗服务的需求。

第三，医疗行业总体来说分为医药、医疗器械、医疗服务三大类。医药可分为中药、化（学）药、原料药、生物药等；医疗器械很多，有高值耗材、低值耗材、设备和诊断试剂等上万种分类；医疗服务涵盖的领域较广，细分行业包括医院的运营和管理、专科医生创业集团、互联网医疗、医药电子商务、医药供应链管理等。医疗行业每一大类又有很多细分行业，投资机会众多，可以说是永远的朝阳产业。

三、广义人工智能行业

广义上的人工智能，不仅包括人工智能，也包括了增强现实/虚拟现实（AR/VR）[1]和机器人领域。

---

[1] 虚拟现实（Virtual Reality，简称VR）与增强现实（Augmented Reality，简称AR）均为人工智能领域的新兴分支，近年发展极为迅速，吸引了大量的资本注入。

人工智能主要是语言识别、图像识别、自然语言处理等，2016年AlphaGo战胜人类顶尖围棋选手，引起了轩然大波。人工智能终于在出现60年后，取得多项技术的应用性突破，成为"业界新宠"，各路创业者和投资人纷纷把人工智能看成是突破困局、产业升级和激发创新的关键要素，国内的"科大讯飞"是其中的典型代表。

VR和AR已经进入可市场化、可商业化应用的上升曲线，它们的硬件设备经过多年迭代，已经趋于成熟。随着Oculus、HTC、微软等巨头发布第一代消费级产品，VR和AR的消费级市场逐渐逼近爆发临界点。VR和AR的应用场景主要包括游戏娱乐类、生活服务类、商业服务类，包括VR旅游、VR教育、VR医疗、VR展示等行业。

机器人是广义人工智能领域与普通人联系最紧密的一个行业，机器人在规则固定、信息透明的行业的工作能力，肯定超过普通人，所以在像富士康这样的标准生产流水线企业和股票分析员、量化交易等岗位，机器人大规模取代人类已经是不可阻挡的历史潮流。各地政府也非常重视在传统产业中的机器换人，以现代化、自动化的装备提升传统产业，有很多鼓励政策和补贴。

广义的人工智能行业未来有很多的投资机会。

四、物联网行业

互联网解决了人与人的连接问题，而物联网技术则是解决物与物的连接，改造传统产业，赋能于实体企业，将使产品研发更智能，产品更聪明，工厂更智慧，服务更智能。

物联网可在众多领域有广泛应用，如智能汽车，包括无人驾驶与车联网等；智慧城市，包括公共健康与交通运输等；智慧物流，包括智慧运输与商业导航等；智能护理，包括辅助健康与健身等；智慧办公，包括运营最优化与运营安全等；智慧零售，包括自动结账等；智慧工厂，包括智能操作与设备最佳化等；智慧能源，包括能源互联网等；智慧家庭，包括智能家居、家事自动化与家庭安全等；以及其他方面。

物联网服务对象可划分为政府、企业、消费者三类，并围绕这三类不同群体衍生出多样化应用，创造巨大的社会价值。

在当下"去虚向实"的经济环境中，物联网的发展更具有特殊的意义，在传统产业转型升级中，物联网比互联网更接地气，也受到了更多企业家与投资人的追捧。

五、境外投资

在经济全球化时代，投资也应该有国际化视野，完全可以通过组建美元（外币）基金，投资德国、以色列等国先进制造业或者人工智能、医疗生物等高科技产业，也可以将国外的先进技术引进国内孵化，或者将国际上过了保护期（大多数发达国家发明专利的保护期都是20年）的专利技术引进国内，一旦先进技术孵化成功，与国内庞大的消费市场相结合，必将产生巨大的经济价值。

与此同时，中国的先进科技也可以输出到别的国家，中国的高铁、桥梁、基建、金融科技等等技术都已在世界领先，遵循"一带一路"倡议，有很多潜在投资机会。

第二章 > 如何对付"门口的野蛮人"

《门口的野蛮人》是国内很多金融市场人士都阅读过的经典书籍，这是《纽约时报》畅销书，《福布斯》评选的20本最具影响力的商业书籍之一，它以纪实性的报道、令人瞠目结舌的事件，记述了雷诺兹－纳贝斯克公司收购等事件的前因后果，详尽而充分地叙述了商界多边厮杀的实景，再现了华尔街金融操作的风风雨雨。从此，华尔街通常用"门口的野蛮人"来形容那些不怀好意的收购者。

从2016年年底开始，随着前海人寿董事长姚振华强行收购中国最大房地产上市公司万科股份而引起巨大争议，"野蛮人"成为国内财经新闻中一个最热门的名词。一时间，大家都在用这个词来谈论那些在资本市场举牌收购的大佬们。每次说起这个词，大家的脑子里还是会浮现出一张张蛮横甚至是野性十足的面孔来。

银行、证券和保险业是中国金融体系的三大重要行业。其中，保险资金投入股票市场的做法还不为老百姓熟悉。从前，保险公司多将保费投在安全性高的产品上，此类产品的收益率较低，考虑到通货膨胀率，保险支付的资金缺口风险也就随之增加。随着保险业的改革，民营和合资保险公司数量快速增加，保费收入也不断提高，保险业规模极速扩张。保监会发布的数据显示，2000年全国的保费收入不到1600亿元，到2016年已经超过了3万亿元；2016年我国保险行业的总资产超过了15.1万亿元，其中保险资金运用余额达到13万亿元。根据保监会公布的《2017年1—2月保险统计数据报告》显示，统计期内，保险资金运用余额达138521.65亿元，较年初增长3.44%。其中，银行存款25809.65亿元，占比18.63%；债券45176.39亿元，占比32.61%；股票和证券投资基金17967.54亿元，占比12.97%；其他投资49568.07亿元，占比35.79%。

保险公司因其保费与赔付时间和金额不对等的模式，拥有了大量的资金；保险模型设计导致保险的保费收入高于承包成本，使得保险公司在低风险的情况下获得利润，同时可以将更多精力投入融资。这两个因素使保险公司有大量资金进行投资。同时由于保险业务的改革，行业竞争加剧，保费价格呈下降趋势，为保证公司利润，保险公司必须将保费资金投往收益率较高的领域，所以民营保险公司如安邦、平安、前海等都把巨额资金投入到资本市场上。

而中国资本市场有相当数量的优质企业，其流通股的份额很少，不需要巨额资金就可以成为流通股大股东。尤其是国有企业，非流通股占大份额，企业又因为国企的身份获得大量的利润，即使在股票价值上无法获利，也可以获得较高的分红收益。此类优质资产就成了保险公司的目标。

保险和基金在欧美的资本市场是重要角色。但是由于中国的资本市场不完善，目前在国内的资本市场里，保险资金的大举动往往引来议论。

中国的资本市场似乎还不太习惯保险资金，毕竟，有些保险资金是短期的，配置到长期证券市场看起来是一种资金错配；保险业关系民生，而资本市场风险巨大，激进的举动对社会产生的影响存在很多不确定性。更有人担心，这些"野蛮人"（险资管理人）成为大股东后，为了获取高额利润，会过度干涉健康发展的企业，出售企业优良资产，用裁员、削减激励等手段，严控成本，削减债务，期待估值快速提升，导致企业核心竞争力下降。上海家化、汽车之家等企业被险资收购后，就因为险资干预公司管理导致企业核心竞争力下降。

但正如证监会主席刘士余所说，险资的这些举动作为对一些治理结构不完善的公司的挑战，有积极作用，因为被举牌说明标的公司股价被低估，公司治理有较大的改善空间。险资的进入对资本市场的金融创新和正常化、合理化都有积极的作用。

对监管层来说，不能意气用事，不能用情怀代替法律法规，还是要制定一个符合国际惯例的监管规则，而不是用行政手段来干预市场行为。

第三章 > 为什么企业不缺资金，也需要融资

我在工作中经常会碰到别人问我这样的问题："我的公司盈利不错，又不差钱，为什么需要融资？"

贵州有个有名的"老干妈"调味品牌，不融资，不上市，甚至从不向银行借钱，被不少媒体和民众追捧；著名前首富，杭州娃哈哈集团董事长宗庆后，因为创业初期向银行借钱受挫，企业做大后不仅不向银行借钱，还将大笔现金存在银行。诚然，企业经营没有统一定式，不依靠资本，也不依靠银行贷款的观念对这些企业来说也并非没有道理。但在资本市场飞速发展的今天，这种观念已经落伍了！

其实，企业发展除了需要资金，还需要各种资源，如政府支持、企业销售渠道、合作伙伴、提升品牌知名度等。所以融资并非只是单一地融入资金，而是通过融资引进合作伙伴，从而带来多方面的资源，促进企业快速发展。

下面我们分析一下企业融资给自身带来的优势。

一、对接资源，开拓渠道

一般投资机构都坐拥非常广泛的社会资源。它一旦投资了某个企业，就跟这个企业捆在了一起，成了利益共同体，当企业快速发展、

兴旺发达时，投资者的投资就会获得丰厚的回报；企业经营不好或出现亏损，投资者的利益也会遭受损失。因而所有投资者都会乐意尽力用自有的社会资源帮助被投资者。例如，有的投资者跟银行关系很好，可以推荐企业去友好银行贷款；有的投资者跟政府相关部门有良好的关系，可以在企业申请政府扶持资金、申报高新技术企业、实现上市等过程中提供帮助；有的投资者跟许多大企业有着紧密的联系，可以为企业引进客户、开拓渠道、引荐合作伙伴；等等。不同的投资者有着不同的背景和不同特色的社会资源，这些资源如果能有效与中小企业进行嫁接，将有利于中小企业社会关系环境的改善，也有利于中小企业的健康快速发展。

二、适当的财务杠杆有助于加快企业的发展

企业债务具有杠杆作用，要正确使用负债。可以利用债务扩充企业规模，增加股东财富并支持企业发展。维持企业可持续发展必须合理制定企业的财务杠杆政策，依据罗伯特·C.希金斯的可持续发展率计算模型，企业可持续发展能力取决于企业的经营效率和财务政策。经营效率指企业经营实现的资产净利率（销售净利率 × 总资产周转率），财务政策指企业资产负债率和收益留存比率的制定。从可持续发展的驱动因素上观察，企业的经营效率越高，资产负债率和收益留存比率越高，企业可持续发展能力就越强。但负债要有一个限度，超过一定限度对企业也有破产威胁，所以企业也要根据具体情况，制定合理的财务杠杆政策。

美国企业的资本结构模式是股权主导型，因为美国的风险投资行业高度发达，企业股权融资很容易，企业高于 30% 的负债率就算高财务杠杆。日本企业的资本结构模式为债权主导型，表现为企业

普遍使用较高的财务杠杆，资产负债率平均水平在80%左右。不同国家的企业不同的资产负债率，是政策、经济、法律和人文环境的差异造成的。我国没有对高财务杠杆的界限进行明确界定，但如果一家拟上市企业的资产负债率超过70%，是不允许上市的。一般来说，虽然每个行业不尽相同，但不超过50%的资产负债率应该是安全的。

宗庆后的娃哈哈集团，2002年时不仅没有一分钱负债，还有高达16亿元人民币的现金存在银行，在民营企业中是非常少见的。宗庆后其实还是很有想法的，在食品主业做大后，想介入石油、地产等几个领域，当时杭州的房价仅为4000元/平方米，如果当时巧用适度的财务杠杆，完全有可能再造一个娃哈哈。上市房地产公司资产负债率都超过70%，比如成立于1984年5月的万科公司，1988年进入房地产行业，利用杠杆，短短几十年便发展成千亿级收入的大企业。

三、完善公司治理结构

民营中小企业公司治理结构一般来说都不太规范，内部实际股权结构往往与工商登记资料上的股权结构不一致，大量股权被代持，根本不重视股东会、董事会的规范运作，家族企业尤其如此。诚然，家族企业在企业初创阶段，对解决企业内部股东信任的建立、企业成本的节约、决策的高效作出等问题有正面的促进作用，但随着企业的发展壮大，其负面作用也越来越大。投资机构作为富有公司治理经验，且极为看重公司治理规范的外部投资者进入中小企业，必然会要求中小企业规范公司治理。

解决中小企业的管理问题，首先要规范法人治理结构，建立完整的、科学的管理制度，形成对企业经营行为必要而有效的约束和激励，产生管理合力。投资者在投资中，应采用多种方式，加强与创业者的交流与沟通，消除其戒心，客观地分析企业管理中存在的各种问题，克服企业在创业过程中出现的家族化管理、决策个人化和不透明、财务管理混乱、偷税漏税等不规范的管理观念和行为。通过完善董事会、监事会、总经理负责制、任期目标责任制等制度，建立决策体系科学化、财务管理规范化、机构设置高效化、纳税环节透明化等一系列管理制度。这是一个磨合的过程，刚开始时有些企业家可能会觉得烦琐、不自在，但随着企业的发展，许多中小企业家会逐步认识到规范公司治理对减少企业决策风险的重要性，会自觉接受现代公司的治理机制。

四、引入知名投资机构能提升企业知名度

如果中小企业能够引进国内外知名的投资机构，将会更好地发掘自身的优质性和快速成长性，同时也能提升企业在客户中的形象和知名度：知名投资者都投资你，那么你肯定有优秀之处。第三方机构诺亚财富引进了著名的红杉资本投资4500万元，其实作为中介机构的诺亚财富并不缺钱，但引进红杉资本提升了其行业知名度，也带来了不少其他资源，而直到它在纽约证券交易所上市，这笔融资款都趴在账上没有使用。

五、体现公司的价值，领先竞争对手

通过股权融资引进投资者可以体现企业的投资价值，提升企业品质。中小企业、初创企业数不胜数，而投资机构相对很少。投资机构天天在找项目，并不是他们找不到项目，而是在寻找好项目。

如果投资者能够投资某家企业，那么说明这家企业在资本市场具有吸引力，本身具有投资价值，给公司的资本估值提供了一个机会，企业获得的不仅是一笔资金，还有投资机构给企业提供的多项增值服务，为企业建立竞争壁垒，帮助企业快速发展，领先竞争对手。

六、协助制定企业发展战略

企业发展的初期阶段是求生存阶段，企业的战略问题并不紧迫；但企业发展到一定规模时，一定要有一个明晰的、可操作性的发展战略。企业的发展战略是企业快速发展壮大的基本纲领，投资机构可从行业发展等宏观角度出发，利用各种有利资源、自身的行业经验和敏锐的洞察力，为被投企业经营战略的制订提供意见和建议，包括市场营销与策划、新产品开发与持续发展、人力资源的优化与配置、企业产品品牌的打造等，促进企业全面发展。

七、协助建立管理团队，提供后续人才服务

帮助物色高素质的职业经理人，充实或更换中小企业管理层，也是投资机构为中小企业提供服务的重要内容。对中小企业而言，各方面人才都匹配的管理团队是非常少见的，而且在中小企业不同的发展阶段，管理团队对人才的需求也是不同的。应中小企业的自身需要，投资机构可以利用自己的社会关系资源，为中小企业物色合适的人才，将其推荐给中小企业管理层或其他股东，为被投资企业组建管理团队，并实现他们之间的互补与有机结合。投资机构除了可以向企业推荐人选外，还可以参与企业的挑选过程，为企业提供参考意见。

八、提供财务服务和协助企业后续融资

从服务的角度看,主要是为被投资企业提供全方位的财务服务,如培训财务人员、建立规范的财务制度、代理记账制度等,协助被投资企业进行再融资以吸引新的投资伙伴,协助企业或以提供担保方式向商业银行贷款。在条件成熟时,协助企业进行重组、并购及制订上市计划,帮助企业进行资产调整,引入合适券商作为保荐人完成辅导期要做的各项工作,实现上市目标。

引进投资者不仅能够为中小企业带来发展所需的资金,同时也会为企业引进先进的管理理念,提升企业的管理水平,提高企业的品牌知名度,还可为企业估值,包含增值服务在内的战略性投资,比起单纯提供资金的财务性投资,对企业的帮助更大。

综上,我们可以看到,即使企业不缺资金,也需要融资。

第四章 > 为什么中国制造业企业要迁往他国

近几年来,国内实体经济遇到难题,一些传统中小民营企业纷纷倒闭。除了国际上各国经济整体衰退,国内宏观经济下行等现实,国内企业综合税负过高也是一个重要因素。由此造成的大量外资企业和民营企业迁往越南、印度、印度尼西亚、马来西亚等生产成本较低的国家,甚至迁到美国的现象,不得不引起我们的深思。

几年前已经有中国企业迁往美国,因为自身知名度不高,没有引起广泛的关注。直到 2016 年著名慈善家、"玻璃大王"曹德旺在美国设厂,这个问题才引起社会舆论的极大关注。

"玻璃大王"曹德旺在美国俄亥俄州总投资约 6 亿美元的汽车玻璃工厂 2016 年已经竣工投产。曹德旺表示在美国投资是因为美国做工厂的利润比中国高:

首先是税负轻,美国只有所得税 35%,加地方税、保险费等大概 5%,总体税负 40%;而中国有以销售收入为税基的增值税和企业所得税等,综合税负比美国高 35%。其次是生产要素便宜,美国土地为私有制,往往由地方政府补贴土地价给卖家,购买的厂房共 148300 平方米,政府补贴费用已经超过了购买价;美国的运输成本换算下来一公里还不到1元人民币，远低于中国；做汽车玻璃要用天然气，美国天然气的价格是中国的四分之一，电价是中国的70%。最后，美国人力资源成本虽高，但只要采用自动化程度高的设备来替代部分人工，人力成本就能得到有效的控制。

2015年"江南化纤"在美国南卡罗来纳州投资办厂，成为首家在美国建立再生聚酯短纤维制造工厂的中国企业。"江南化纤"创办相同规模企业的中美成本构成对比如下。

1. 土地成本：中国的财政政策决定了政府对土地的依赖性，所以地价一直居高不下，中国工业地价是美国工业地价的9倍，并且美国是购买的永久所有权，中国购买的是50年产权。

2. 物流成本：中国物流成本是美国物流成本的2倍。油价、过路费、过桥费等收费项目的叠加，导致中国物流成本节节攀升。

3. 银行借款成本：美国2017年6月联邦基准利率目标区间低于2%。而中国基准利率是4.5%～4.9%，且民营企业在中国借款很难，即使获得贷款，利率都是基准上浮；银行贷不出款的企业使用其他融资渠道的话，融资成本更高。

4. 电力、天然气成本：国内企业电气单位生产成本按每吨耗电450千瓦小时、电价0.76元/千瓦小时计算，为342元人民币，折合55.16美元；美国企业电气单位生产成本按每吨500千瓦小时、电价0.05美元/千瓦小时计算，为25美元，国内的电气成本是美国的2.2倍。

5. 配件成本：国内设备性能较差，且工人操作习惯不良，每吨单位配件成本约在100元人民币，折合16.13美元左右；而美国生产线设备性能较好，且工人操作习惯好，每吨单位配件成本仅为5美元，国内是美国的3.2倍。

6. 蒸汽成本：国内的热电厂蒸汽单位生产成本按 304 元，折合 49 美元计算，美国的天然气锅炉自制蒸汽单位生产成本按 23.23 美元计算，国内是美国的 2.1 倍。

7. 税收成本：已在曹德旺投资案例中分析过。

8. 清关成本：美国无需支付进出口清关成本，国内企业原料均进口，成品出口，中间涉及各类手续成本。

9. 人工成本：美国人工成本高，但中国成本优势趋弱。

10. 折旧成本：美国折旧成本是国内折旧成本的 1.7 倍。

11. 厂房建设成本：美国厂房建设成本是高，但十年以上二手厂房价格低，且普遍性能良好。

综合来看，中国制造成本已经和美国制造成本相当，在一些行业将会超过美国制造成本。

美国的政府看重就业，能给予企业优惠的税收政策；而在中国，民营企业很难拿到税收优惠政策。美国新总统特朗普上台后，提出议案，计划把 35% 的企业所得税降低到 15%，如果真的得以实行，在美国办企业的成本还将大幅度降低，促使全球制造业流向美国。这将对世界制造业第一大国中国构成新的挑战，我们必须引起高度重视，想方设法降低企业综合税负，降低制造成本，努力提升"中国制造"的竞争力。

得益于美国新总统特朗普的一系列税收优惠政策，富士康考虑今年在美国设立液晶面板厂，投资金额高达 70 亿美元。制造业并非暴利行业，因而制造业企业家对成本税收政策尤为敏感。税收优惠政策目前还是一个导向，已有不少企业蠢蠢欲动，我们的政府部门应该有紧迫感。

中国制造业产业的转型升级势在必行，根据《世界经理人》发布的一项调研报告显示，印度、越南、美国是目前"中国制造"的强有力对手。报告同时为中国制造业指明了未来发展的几大首选领域，智能家居、健康类可穿戴设备、医药及医疗设备成为最具发展前景的行业，紧随其后的是手机/平板电脑、VR/AR/MR（介导现实）类产品。

过去几十年的积淀使得今天的中国成为全球生产基地，国人引以为傲的"中国制造"一直是中国经济的重要标签。中国制造的市场潜力和产业链配套对海外的制造业还是有着巨大的吸引力的，我们需要在以往优势的基础上加快转型步伐，向产业链、价值链上游转移，从加工业变为高附加值的高利润产业，加快从"制造大国"到"设计强国"的转变，成为高端品牌的"缔造者"，通过政府施行减税等优惠政策，争取延缓甚至抑制住制造业外流的趋势，稳住多年以来外商直接投资第一大国的地位。

第五章 > 为什么中国概念股（红筹股）回归成为热潮

一、中国概念股回归的原因

2017 年 5 月，原来的纽约证券交易所上市公司、2016 年净利润高达 17 亿元的医疗器械巨头——深圳迈瑞生物医疗电子股份有限公司正式申报 A 股 IPO（首次公开募股），标志着又一只中国概念股回归国内资本市场。

中国概念股回归，一般是指在境外发达股市（主要是美国）上市的中国公司，通过私有化手段先从发达股市退出，然后再回归到半规范、半封闭的 A 股市场重新 IPO，以便实现公司价值和大股东利益的最大化。

中国概念股回归，既有不同资本市场估值差距甚大的原因，也有不同资本市场对于上市公司的监管程度不同的因素。

一是 A 股市场股票市盈率比任何成熟资本市场的市盈率都高得多，企业套利空间大。A 股的中小板和创业板平均市盈率在 50 倍以上，主板也有 20 倍左右，比起成熟市场经济国家的平均市盈率一般不超过 15 倍，有的甚至只有几倍，A 股存在巨大的套利空间。如 2015 年创造了连续 27 个涨停板的牛股暴风科技，就是私有化后拆除了 VIE 架构，重新到国内 A 股创业板上市，市盈率超过 1000 倍。又如分众传媒，因为业绩下滑和股价下跌，已经退居二线的分众董事长江南春不得不重新出任 CEO，通过私有化借壳七喜控股，回归后的分众市值竟然爆涨了 13 倍。这对于在海外上市的中国概念股公司是一个巨大的刺激。

二是美国股市的市场监管很严厉，而一些中国公司财务造假比较严重；国内外会计准则不完全一致。大家耳熟能详的美国浑水公司（Muddy Waters）和香橼公司（Citron Research），就是通过调研中国在美国上市公司的财务状况，发现其中财务漏洞，通过做空机制，使不少中国在美国上市公司的股价大跌，获利丰厚。据不完全统计，香橼公司和浑水公司共做空 21 家中国概念股，其中纽约交易所上市公司 4 家，纳斯达克上市公司 16 家，多伦多交易所上市公司 1 家，在美国场外交易市场交易的上市公司 2 家。在被做空的中国概念股中，有 7 家已经被退市，1 家被停牌，有 11 家出现 60% 以上巨幅下跌，另有 2 家公司尚处于做空战役之中。这些公司在被做空之后，公司及其高管大多遭到了监管部门的调查或集体诉讼，被投资者要求巨额索赔。

2015 年以来，已有超过 40 家在美上市的中国概念股宣布私有化退市计划。其中，有 10 余家公司已经完成私有化。

二、中国概念股绝大部分是 VIE 架构

VIE（Variable Interest Entity），可以理解为"协议控制"，实际含义是不通过持股的方式来实际控制一家公司，从而实现享有利益。境外母公司不持有境内子公司的股权，而是通过与子公司签订股权质押协议、关于资产和经营决策权等方面的一系列协议、贷款协议、服

务协议及资产许可协议等，对子公司达到实质上的控制。境内子公司通过服务费、资产许可费等形式将利益输送到境外母公司。

VIE 结构对中国互联网和电子商务等新兴产业的发展做出了巨大的贡献。国内资本市场不允许没有净资产或负利润的企业上市，所以互联网为代表的新兴产业无法在国内上市，VIE 结构让不少互联网巨头在海外上市融资后，在国内成功发展起来。

中国概念股回归 A 股都需要经历退市、拆除 VIE 架构和回归 A 股上市的过程。

第一，退市。因为税收政策的优惠，中国概念股公司大部分为开曼群岛注册的公司。根据美国和开曼群岛公司法的规定，当大股东持有上市公司超过 90% 以上的流通股时，可以直接进行私有化，不需要得到被收购公司股东大会或者董事会的批准。中国概念股的私有化大都采取这种方式来完成。私有化完成后，直接向美国证券交易委员会（SEC）注销注册。

第二，拆除 VIE 架构。拆除过程包含对股份的赎回、相关协议的解除、股权结构的调整、境外主体的注销等操作。为了"满足持续经营 3 年"以上的 A 股上市要求，公司还必须保证实际控制人未发生变化、董事会构成及高级管理人员未发生重大变化及实际生产经营没有受到实质影响。

拆 VIE 过程涉及商务、工商、外汇、税收等多个监管程序，以依靠 263 邮箱为大家熟知的二六三公司为例，它 2005 年计划到海外上市，并且搭建了 VIE 架构。在 2006 年公司计划转到境内上市后，二六三对 VIE 结构进行了拆除。整个过程持续到 2008 年全部完成。二六三曾经于 2008 年申请中小板上市被否，原因之一在于其 VIE 结构下海外实施控制的公司未完全注销。最终二六三直到 2010 年才完成上市。

第三，回归A股上市。回归A股上市有两条主要路线：正常申报IPO和借壳上市。正常申报IPO时间长，政策不确定性大，所以绝大多数回归的企业都采用借壳上市的模式。

在美国挂牌的中国概念股主要有两类：一类是国有企业，另一类则是中小民营企业。但回归中国概念股的主要是中小民营企业，尤其是轻资产型民营企业。当马云的阿里巴巴从区域性国际市场（港股）高调退出，并转入全球性国际市场（美股）挂牌时，一些游戏公司、婚恋网站中国概念股，却在窥视半规范、半封闭、欠发达的A股市场，它们发现A股市场的软肋就是一座金矿，就是一部免费的提款机。

面对如此乱象，中国证监会开始关注并发话。2016年5月6日，证监会发言人回应称："证监会注意到市场相关反应，目前证监会正针对这类企业通过IPO、并购重组回归A股市场可能产生的影响进行分析研究。"言外之意即中国概念股一窝蜂地回归肯定有问题。随后数日市场又传言证监会已叫停部分涉及互联网金融、游戏、影视、VR四个行业的跨界定向增发、并购重组和再融资，此前私募股权机构挂牌新三板已经被叫停。

其实，中国概念股回归，并不只是简单的市场倒退或制度套利，它还反映出A股市场各类炒壳重组及并购举牌现象。在中国概念股回归之外，A股市场各类并购重组早已乱象丛生。例如，大量私募股权投资（PE）利用互联网金融平台大规模集资，然后再到A股市场疯狂举牌；还有许多上市公司大规模定增，然后去并购或参股各类准金融行业及游戏、娱乐、影视等行业，这既是跨界并购、脱实向虚，更是玩资本、玩股权，左右手对倒、空手套白狼，其结果却是"羊毛出在羊身上"！这类并购重组，不能做大做强反而掏空了实业，这不利于实业兴邦、工业强基，也不利于经济转型、产业升级。

中国作为一个世界大国，企业走出去，必须要适应国际市场，包括国际资本市场，这是培育更多中国品牌跨国公司的重要举措，也是中国从经济大国走向经济强国的重要一环。企业通过IPO成为上市公司或公众公司，其主要目的不只是为了赚钱，更重要的是接受市场的洗礼与考验，获得更大的成长进步空间。公众公司不同于私人企业，它们更优秀、更自信，更有能力接受政府监管和民众监督，而且法人治理机制更完善，经营管理更为规范。

中国概念股从发达市场逃回A股市场，既是市场的倒退，也是市场的失灵，必须要有政府的干预与管控。当然，这也从另一个侧面折射出A股市场的确存在重大制度缺陷。因此，我们必须有针对性地从内部和自身改革A股市场：

第一，加大市场化改革力度，加快IPO发行，让IPO身价大跌，壳的资源贬值，使A股估值回归常态；

第二，大力提升市场监管效率及监管水平，严查严打信息造假、内幕交易、市场操纵等证券犯罪活动；

第三，完善A股市场的做空机制，培育像浑水、香橼之类的善于发现上市公司破绽的公司，使得离奇高估值的上市公司的股价回归正常区间。

第六章 > 为什么早期道琼斯指标股只有一家尚在名单

道琼斯工业平均指数是世界上历史最为悠久的股票指数,由《华尔街日报》和道琼斯公司创建者查尔斯·道创造。1882 年 11 月,两位年轻的记者查尔斯·道和爱德华·琼斯在华尔街 15 号一间狭小的办公室里成立了道琼斯公司,当时他们的全部家当只有一台打字机和一部电话。公司的第一份业务,就是只有两页的晚报。这份名为《顾客晚报》的简讯,内容为股市相关信息。为了节省经费,两位经理只能把晚报内容重复抄写在 24 份劣质纸张上。公司成立后不久,第三个伙伴记者查尔斯·伯格斯特里瑟加入进来,不过公司名称并没有随之改变,因为他的名字太长了。

1896 年 5 月 26 日,查尔斯·道在《华尔街日报》首次发表了 30 种工业股票的平均价格指数,即人们常说的道琼斯指数。

道琼斯股票价格平均指数所选用的股票都很有代表性,这些股票的发行公司都是本行业具有重要影响的著名公司,其股票行情为世界股票市场所瞩目,各国投资者都极为重视。为了保持这一特点,道琼斯公司对其编制的股票价格平均指数所选用的股票经常予以调整,用具有活力的、更有代表性的公司股票替代那些失去代表性的公司股票。自 1928 年以来，仅用于计算道琼斯工业股票价格平均指数的 30 种工商业公司股票，就已有 30 次更换，几乎每三年就要有一个新公司的股票代替老公司的股票。

公布道琼斯股票价格平均指数的新闻载体——《华尔街日报》，是世界金融界最有影响力的报纸。所以道琼斯指数是一种代表性强、应用范围广、作用突出的股价指数，是世界上影响最大、最有权威性的一种股票价格指数。通过道琼斯指数指标股的变化，可以看出美国实业界主流的发展轨迹。

道琼斯工业指数首次在 1896 年 5 月 26 日公布，它象征着美国工业中最重要的 12 种股票的平均数。它们分别是：

美国棉花油制造公司，Bestfoods 的前身，现为联合利华的一部分；

美国糖类公司，现为 Amstar Holdings；

美国烟草公司，在 1911 年因违反反托拉斯法被迫分割；

芝加哥燃气公司，在 1897 年被 Peoples Gas Light & Coke Co. 收购（现为人民能源公司）；

Distilling & Cattle Feeding Company，现为 Millennium Chemicals；

Laclede Gas Light Company，仍以 The Laclede Group 之名运作；

National Lead Company，现为 NL Industries；

北美公司，在 20 世纪 40 年代破产；

田纳西煤、铁与铁路公司，在 1907 年被美国钢铁收购；

美国皮草公司，1952 年解散；

美国橡胶公司，1967 年改名为优耐陆，1990 年被米其林收购；

通用电气，是目前硕果仅存的还在道琼斯指标股名单的公司。

首次被公布时，道琼斯指数数值是 40.94 点。它被当作平均指数来计算，首先加上所有成分股的价格，再除以股票的数目。1916 年，道琼斯工业指数中的股票数目增加到 20 种，最后在 1928 年增加到 30 种，一直延续到现在（见表 6-1）。

表 6-1 道琼斯工业平均指数所选股票

公司	行业	股票代号
高盛	金融服务	GS
美国运通公司	金融服务	AXP
波音公司	航空航天	BA
维萨	金融服务	V
卡特彼勒公司	重型机械	CAT
思科系统公司	硬件	CSCO
雪佛龙	石油	CVX
杜邦公司	化工	DD
迪士尼	娱乐业	DIS
通用电气公司	电子、金融服务	GE
家得宝公司	零售、家居改善	HD
耐克	体育用品	NKE
国际商用机器公司	硬件、软件和服务	IBM
英特尔	微处理器	INTC
强生制药有限公司	制药	JNJ
摩根大通公司	金融服务	JPM
可口可乐公司	饮料	KO
麦当劳	快餐、特许经营	MCD
3M 公司	原料、电子	MMM
默克制药公司	制药	MRK
微软	软件	MSFT
辉瑞制药有限公司	制药	PFE
宝洁公司	家庭用品、制药	PG
AT&T	电讯	T
旅行家集团	保险	TRV
联合健康集团	保健：保险和管理医保	UNH
联合技术公司	航空、防御	UTX
威讯	电讯	VZ
沃尔玛	零售业	WMT
埃克森美孚公司	石油	XOM

减少成分股考量原则如下：

1. 合并。公司合并后，被合并的公司自然排除指数外。
2. 破产。公司宣告破产。
3. 转型。公司转型，在原来的产业分类上失去意义。
4. 不具代表性。被其他同产业公司取代。

可以看出，在这12种成分股中，通用电气是自道·琼斯工业指数1896年设立以来唯一至今仍在指数榜上的公司。通用电气公司的历史可追溯到托马斯·爱迪生在1878年创立的爱迪生电灯公司。1892年，爱迪生电灯公司和汤姆森-休斯顿电气公司合并，成立了通用电气公司。

道琼斯工业平均指数指标股的变化，表明一百多年来，实业界的主流代表已经从资源型企业转向高科技和金融企业，随着时代的变化，并没有一成不变的企业。即使是道琼斯指数硕果仅存的常青树通用电气，也已经从最初的专业性电气公司转变为世界上最大的多元化服务性公司，从飞机发动机、发电设备到金融服务，从医疗造影、电视节目到塑料，都有它的身影。

所以在这个世界上，唯有变化是不变的，企业唯有顺应时代变化，才能在激烈的市场竞争中立于不败之地。投资机构也要适应这种变化，看清世界经济发展潮流和行业发展变化趋势，才能立于不败之地。

第二辑

投资运作：运筹资本，让你的利益最大化

第七章 > 哪里上市最划算

一般情况下,企业发展到一定规模,便会选择在不同的交易所上市,成为公众公司,一来是扩大经营规模需要融资,二来是公众公司财务透明,运作规范,容易取得社会认可,发展后劲较足,所以世界上绝大多数大公司都是上市公司。

但上市其实只是公司发展过程中的一个节点(当然也可以说是一个里程碑),并不是终点,有些公司并不理解这一点,为上市而上市,结果把企业发展引入了一个误区。

位于浙江萧山的浙江美斯邦化纤股份有限公司和义乌的华鼎锦纶股份有限公司,身处同一行业,拥有一样的规模(营业额和利润),前者在澳洲证券交易所上市,上市后市盈率约5倍;后者在国内创业板上市,发行市盈率52倍,后来到80倍。也就是说,这两个差不多的公司因为在不同的交易所上市,在市盈率上的差距可以达到10倍甚至更多。由此可以看出,公司的上市交易所的选择,也直接影响到公司的后续发展。

世界上有很多证券交易场所,而每个证券交易所又各有其特点,对我国的拟上市公司来说,比较熟悉的境外证券交易所有纽约证券交易所、纳斯达克证券交易所、伦敦证券交易所、澳大利亚证券交易所、新加坡证券交易所、香港联合交易所等，只有深入了解它们各自的特点，才能做出最佳选择。

一、香港的资本市场

香港是内地公司境外上市最先考虑的地方，也是内地公司境外上市最集中的地方，这得益于香港得天独厚的地理位置与金融地位，以及与内地的特殊关系。

（一）在香港上市的条件

在中国香港地区上市，需要满足以下条件（见表7-1）：

表7-1 在香港上市的条件

项 目	香港主板	香港创业板
市场目的	为较大型、基础较佳及具有盈利记录的公司筹集资金	为有主营业务的公司筹集资金，丰富行业类别，提升公司规模上限
盈利要求	采取"盈利测试"标准：上市前3年合计盈利5000万港元（最近一年须达2000万港元，再之前两年合计3000万港元，1港元约合0.85元人民币）	不设盈利要求
营业记录	具备不少于3个会计年度的营业记录	须显示公司有紧接递交上市申请前24个月的"活跃业务记录"，如营业额、总资产或上市时市值超过5亿港元，发行人可以申请将"活跃业务记录"减至12个月
有关营业记录规定的弹性处理	联交所只对若干指定类别的公司（如基建公司或天然资源公司）放宽3年业务记录的要求，或在特殊情况下，具有最少两年业务记录的公司也可放宽处理	联交所只接受基建，或天然资源公司，或在特殊情况下公司的"活跃业务记录"少于两年

续表

项　目	香港主板	香港创业板
主营业务	并无有关具体规定，但实际上，主营业务的盈利必须符合最低盈利要求	须主要经营一项业务而非两项或多项不相干的业务，不过，涉及主营业务的周边业务是容许的
附属公司经营的活跃业务	联交所将要求发行人必须对其业务拥有控制权	申请人的活跃业务可由申请人本身，或其一家，或多家附属公司经营。若活跃业务由一家或多家附属公司经营，申请人必须控制有关附属公司的董事会，并持有有关附属公司不少于50%的权益
管理层、拥有权或控制权	至少前3个会计年度的管理层维持不变；至少经审计的最近一个会计年度的拥有权和控制权维持不变	除非在联交所接纳的特殊情况下，否则申请人必须于活跃记录期间在基本上相同的管理层及拥有权下运营
业务目标声明	并无有关规定，但申请人须列出一项有关未来计划及展望的概括说明	须载列申请人的整体业务目标，并解释公司如何计划于上市那一个财政年度的余下时间及其后两个财政年度内达至该目标
最低市值	新申请人预期在上市时市值不低于2亿港元；采用"市值/收益/现金流量测试"标准的，上市时市值至少为20亿港元；采用"市值/收益测试"标准的，上市时市值至少为40亿港元	股票无具体规定，但实际上在上市时不能少于4600万港元期权、权证或类似权利，上市时市值须达600万港元
最低公众持股量	25%（如发行人市值超过40亿港元，则最低可降低为10%，如发行人预期市值超100亿港元的，可酌情降至15%~25%之间）	若公司在上市时的市值不超过40亿港元，则最低公众持股量须为25%，涉及金额至少须达3000万港元；若公司在上市时的市值超过40亿港元，则最低公众持股量须为20%或使公司在上市时由公众人士持有的股份的市值至少达10亿港元的较高百分比。上述的最低公众持股量规定在任何时候均须符合
管理层股东及高持股量股东的最低持股量	无相关规定	在上市时管理层股东及高持股量股东必须共持有不少于公司已发行股本的35%
股东人数	于上市时最少须有100名股东，且每100万港元的发行额须由不少于30名股东持有	于上市时公众股东至少有100名。如公司只符合12个月"活跃业务记录"的要求，则上市时公众股东须至少有300名

续表

项　目	香港主板	香港创业板
主要股东的售股限制	上市后6个月内不得售股，其后6个月内仍要维持控股权	管理层股东必须接受为期12个月的售股限制期，在这期间，各持股人的股份将由托管代理商代为托管。高持股量股东则有半年的售股限制期
竞争业务	公司的控股股东（持有公司股份35%或以上者）不能拥有可能与上市公司构成竞争的业务	只要于上市时持续地作出全面披露，董事、控股股东、主要股东及管理层股东均可进行与申请人有竞争的业务（主要股东不需要作持续、全面披露）
信息披露	一年两度的财务报告	按季披露，中期报和年报中必须列示实际经营业绩与经营目标的比较
包销安排	公开发售以供认购，必须全面包销	无硬性包销规定，但如发行人要筹集新资金，新股只可以在达到招股章程所列的最低认购额时方可上市

（二）在香港上市的优势

1. 香港优越的地理位置。香港和内地的深圳接壤，两地只有一线之隔，在交通和交流上获得了不少的先机和优势。

2. 香港与内地特殊的关系。虽然在1997年中国政府才对香港恢复行使主权，但香港居民无论在生活习性和社交礼节上都与内地居民差别不大。随着普通话在香港的普及，香港居民和内地居民在语言上的障碍也已经消除。因此，从心理情结来说，香港是最能为内地公司接受的境外市场。

3. 香港在亚洲乃至世界的金融地位是吸引内地企业在其资本市场上市的重要筹码。虽然香港经济在1998年经济危机后持续低迷，但其金融业在亚洲乃至世界都一直扮演重要角色。香港的证券市场是世界十大市场之一，在亚洲仅次于日本（这里的比较是基于中国深沪两个市场分开统计的情况）。

4. 在香港实现上市融资的途径多样。在香港上市，除了传统的IPO之外（其中包括红筹股和H股两种形式，两者主要区别在于注册地的不同，这里不详述），还可以采用反向收购，俗称买壳上市的方式获得上市资金。反向收购的方式将在后面的美国上市中详细介绍。

（三）在香港上市的局限

1. 资本规模方面。与美国市场相比，香港的证券市场规模要小很多，它的股市总市值大约只有美国纽约证券交易所的1/30，纳斯达克的1/4，股票年成交额远远低于纽约证券交易所和纳斯达克，甚至比沪深两市加总之后的年成交额都要低。

2. 市盈率方面。香港证券市场的市盈率较低，大概只有12倍左右，而在纽约证券交易所，市盈率一般在15到20倍，在纳斯达克市盈率会达到20到30倍甚至更高。这意味着在香港上市，相对美国来说，在其他条件相同的情况下，能募集到的资金要少很多。

3. 股票换手率方面。香港证券市场的换手率也很低，大约只有55%，比纳斯达克300%以上的换手率要低得多，同时也比纽交所的70%以上的换手率要低。这表明在香港上市后要进行股份退出相对来说要困难一些。

（四）适合在香港上市的企业

对于一些大型的国有或民营企业，并且不希望排队等待审核在内地上市的，到香港的主板上IPO是不错的选择。香港市场对于以内地为主要市场的公司和连锁型企业估值较高，对于中小民营企业或三资企业来说，虽然可以选择香港创业板或者买壳上市，但是这两种方式募集到的资金都很有限，相比之下，这些企业到美国上市会更有利一些。

二、美国的资本市场

美国拥有现时世界上最大最成熟的资本市场。纽约是世界的金融中心,聚集了世界上绝大部分的游资和风险基金,股票总市值几乎占了全球总值的一半,季度成交额更是占到全球总额的60%以上。

美国的证券市场体现了立体多层次,为不同融资需求服务的鲜明特征,主要有成立于1792年的纽约证券交易所和成立于1971年的纳斯达克这个世界最大的电子交易市场,此外,还有柜台电子公告榜等柜台交易市场。不同的市场为不同的企业进行筹融资服务,只要企业符合其中某一个市场的上市条件,就可以向美国证监会申请登记挂牌上市。

纽约证券交易所是全球上市公司总市值第一、IPO数量及市值第一的交易所,是全球四大交易所之一,也是全球最具国际化的股票交易市场。

纳斯达克,全称为全美证券交易商协会自动报价系统,是一个基于电子网络的无形市场,目前大约有5400家公司在该市场挂牌上市,是美国上市公司最多、股份交易量最大的证券市场。

(一)在美国上市的条件

2006年2月,纳斯达克宣布将股票市场分为三个层次,上市和退市标准相应区分,满足不同类型和规范的公司上市和交易需求。纳斯达克内部分为三层结构:全球精选市场(Global Select Market),上市财务标准要求最高;全球市场(Global Market),由国际化公司组成;资本市场(Capital Market),由新兴和成长型公司组成,要求最低、最灵活。三个层次要求从高到低,公司达到一定条件可以转入更高要求板块交易，分层结构进一步优化了市场结构，吸引不同层次的企业上市（见表7-2）。

表7-2 在美国上市的条件

项目	纽约证券交易所	纳斯达克全球精选市场	纳斯达克全球市场	纳斯达克资本市场
净资产	4000万美元	3000万美元	1500万美元	250万美元
市值（总股本乘以股票价格）	1亿美元	8000万美元	7500万美元	3500万美元
最低净收入	1亿美元	9000万美元	100万美元	不适用
税前收入	1亿美元（最近两年每年不少于2500万美元）	7000万美元	3500万美元	不适用
最少公众流通股数	250万	125万	110万	100万
流通股市值	1亿美元	4500万美元	2000万美元	50万美元
申请时最低股票价格	N/A	4美元	4美元	1美元
公众持股人数每人100股以上	5000人	450人	400人	300人
经营年限	连续3年盈利	两年	两年	不适用

在美国，上市的方式主要有两种：IPO和反向并购。中等偏大的企业，比如净资产5000万元人民币左右，或者年营业额达2亿元人民币左右，并且净利润在1500万元人民币以上的企业，可考虑在纳斯达克发行IPO，更好的企业则可以到纽约证券交易所发行IPO。

对中小企业，特别是中国的中小企业，在美国上市最适宜的方法是买壳上市，因为无论是在时间上或费用上，买壳上市都比IPO要少很多。IPO的前期费用一般为100万～150万美元，时间一年左右；买壳上市的前期费用一般为45万～75万美元，时间一般为4～6个月。

（二）在美国上市的优势

1. 美国证券市场的多层次多样化可以满足不同企业的融资要求。通过上市条件表格可以看出，在美国场外交易市场柜台挂牌交易对企业没有任何要求和限制，只需要三个券商愿意为这只股票做市即可，企业可以先在场外交易市场买壳交易，筹集到第一笔资金，等满足了纳斯达克的上市条件，便可申请升级到纳斯达克上市。

2. 美国证券市场的规模是世界任何一个金融市场都不能比拟的，这在上文分析香港市场的时候有所提及。在美国上市，企业融到的资金无疑要比其他市场多得多。

3. 美国股市极高的换手率、市盈率，大量的游资和风险资金，股民崇尚冒险的投资意识等鲜明特点对中国企业来说都具有相当大的吸引力。

（三）在美国上市的劣势

1. 中美在地域、文化和法律上的差异。很多中国企业不考虑在美国上市，是因为中美两国在地域、文化、语言及法律方面存在着巨大的差异，企业在上市过程中会遇到不少这些方面的障碍。因此，华尔街对大多数中国企业来说，显得有点遥远和陌生。

2. 企业在美国获得的认知度有限。除非是大型或者是知名的中国企业，一般的中国企业在美国资本市场可以获得的认知度相比在中国香港或者新加坡来说，是比较有限的。因此，中国中小企业在美国可能会面临认知度不高、追捧较少的局面。但是，随着"中国概念"在美国证券市场越来越为人所知，这种局面近年来有所改观。

3. 上市费用相对较高。如果在美国选择IPO上市，费用可能会相对较高，但如果选择买壳上市，费用则会降低不少。

（四）适合在美国上市的企业

美国资本市场多层次化的特点及上市方式的多样性为不同的企业提供了不同的服务，各个层次的企业在美国上市计划都切实可行，故而无论是大型企业还是中小型企业，在美国上市都是不错的选择。

三、英国的资本市场

伦敦国际金融中心的地位虽早已被纽约取代，在欧洲的地位也受到法兰克福及巴黎的强劲挑战，但不可否认，伦敦仍是世界知名的金融重镇。伦敦证券交易所是最国际化的证券交易市场，境外公司在伦敦证券交易所的上市比例为全世界最高。

伦敦证券交易所集团是世界领先的多元化的交易所集团，于 2007 年 10 月以 16 亿欧元收购了意大利米兰交易所。伦敦证券交易所主要包括主板（Main Market）和高增长市场（Alternative Investment Market）两个主要板块。

伦敦证券交易所是世界各国特别是英联邦国家企业海外上市的重要选择，迄今为止，已有中国石油、中国石化、中国国航、江西铜业、大唐发电等五十余家中国企业在伦敦交易所上市。

（一）伦敦证券交易所主板市场

伦敦证券交易所主板市场是英国股票市场中最主要的市场，也叫主市场或官方市场，其上市条件相对于高增长市场来说更加严格（见表 7-3）：

表 7-3 在伦敦证券交易所主板市场上市的条件

项 目	伦敦证券交易所主板市场
经营年限	公司一般须有 3 年经营记录，并须呈报最近 3 年的总审计账目。若没有 3 年经营记录，某些科技产业公司、投资实体、矿产公司及承担重大基建项目的公司，若满足伦敦证交所《上市细则》中的有关标准，亦可上市
管理层职责	公司的经营管理层应显示出为其公司经营记录所承担的责任
注册资本	公司在本国交易所的注册资本应超过 70 万英镑，已至少有 25% 的社会公众股。通过伦敦证交所进行国际募股的公司，其总股本一般要求不少于 2500 万英镑
财务报告编制	公司呈报的财务报告一般须按国际或英美现行的会计及审计标准编制，并按上述标准独立审计
招股说明书	公司须按伦敦证券交易所规范要求编制上市说明书，发起人需使用英语发布有关信息。

（二）高增长市场

20 世纪 80 年代以来，英国围绕着中小企业特别是科技企业的直接融资问题进行了艰苦的探索，参照学习美国的纳斯达克，设立了高增长市场。

高增长市场是伦敦证券交易所于 1995 年 6 月 19 日建立的专门为小规模、新成立和成长型公司服务的市场，是继美国纳斯达克之后，欧洲设立的第一个"二板"性质股票市场，由伦敦证券交易所负责监管和运营，但又具有相对独立性，并与日本、新加坡的创业板市场有所区别。目前，高增长市场有上市公司 700 多家，总市值超过 100 亿英镑。高增长市场的交易通过另类交易服务进行交易，实行做市商制度和竞争性报价制度，容许一个或多个做市商在一天之内就某一股票进行报价。

1. 高增长市场上市要求：

高增长市场对上市公司不做 3 年业绩的要求。这里不是指盈利水平，而是指企业不需要有 3 年业绩，没有规模限制。高增长市场对上市公司也没有公众持股比例的硬性要求。除此之外，在高增长市场上市须满足以下要求：

（1）任命一名经许可的终身保荐人；

（2）任命一名指定经纪人；

（3）对其股票的自由转让不设任何限制；

（4）注册为公共有限公司或同类公司，并且依照注册地法律合法成立；

（5）编制一份上市文件——文件须包括投资者所需要的有关该公司和其业务活动的相关信息，如财务信息及所有董事的详细情况。该文件应提供给所有预期投资者，从而让他们决定是否投资该公司的股票。该公司董事负责上市文件的准确性，并确保这些文件无重大遗漏。主要股东、所有股东的以往记录和流动资金等资料也需要准备。

2. 高增长市场特点：

（1）面向各类企业、包容性强的市场定位。

目前，高增长市场上市公司的行业结构呈现出典型的多元化特征，包括 39 个行业板块和 104 个分板块。从市值和上市公司数量来看，位于前列的既有采矿、能源等传统行业，也有金融服务、IT 等新兴行业。

（2）适应中小企业融资特点的便捷上市程序。

考虑到中小企业融资的时效性，高增长市场设计了简便快捷的上市规则。主板企业上市需要英国金融监督管理局的审批，而高增长市场企业的上市审批权在伦敦证券交易所，上市审批便捷。

（3）满足中小企业需求的小额多次融资方式。

高增长市场单笔融资规模并不大。1995年到2002年，高增长市场平均单笔融资额为370万英镑，比同期的欧洲大陆新市场和香港创业板市场都低。高增长市场这种小额多次的融资方式充分适应了中小企业的发展特征及融资的客观需求。

（4）以"终身保荐人"为核心的监管制度。

终身保荐人制度是指上市企业在任何时候都必须聘请一名符合法定资格的公司作为其保荐人。保荐人的职责是保证高增长市场的上市企业遵守高增长市场制定的规则。

（5）全方位覆盖的政府支持。

政府承担了中小企业培育方面的大量工作。除了有意识地通过系列教育计划来培养创业者外，政府还通过一整套财税政策来刺激创业投资活动的发展。

（三）在英国上市的优势

1. 伦敦是世界上基金聚集量最大的市场，机构化程度高。

伦敦是世界金融中心之一，聚集了世界上最大的资本投资群，有广泛的机构投资者和零售商的支持，其巨大的资金容量完全可以满足公司的融资需求。这些资本中有大约一半来自北美，这意味着企业通过上市进入伦敦资本市场即进入了全球资本市场。同时，机构投资者是十分可贵的资本来源，有比较长远的投资眼光，能对证券市场发挥更大的稳定作用。

2. 监管环境宽松、有效。

伦敦证券交易所实施原则性的监管体系，以"遵守或解释"为原则，优于美国及其他许多以条例为基础的监管体系。这种监管体系确保了上市公司在透明度、信息披露、公司治理方面达到最高水平，同时对于公司而言又灵活实用，而且效果卓越。此外，对于中国企业来说，由于伦敦与香港法律环境和上市规则基本相同，可以在两个市场之间选择上市或两地上市，上市文件制作和转换比较方便。

3. 伦敦是海外投资意识最强的市场。

欧洲的机构投资者对海外证券的投资是北美机构投资者的两倍。其中，英国机构投资者是最活跃的海外投资群体。伦敦证券交易所主板市场和高增长市场的国际股票机构投资比例为51.5%，大大高于世界上任何其他证券交易市场。伦敦证券交易所的机构投资者对海外公司的投资兴趣广泛，从矿业、电信、高科技，到消费品、房地产、银行和服务业等，许多重大行业都有涉及。

4. 上市门槛低，筹资速度快。

高增长市场和TECH市场上市门槛较我国A股上市条件宽松，门槛更低，采取注册制，申请程序简单、周期短，再融资速度相对较快。

（四）在英国上市的劣势

1. 上市成本较高。

我国企业赴英国上市通常要付出比境内更为高昂的成本，在发行过程的直接成本上，企业在境内上市要远低于海外。企业在英国上市所聘请的承销商一般都是一些实力强、水平高、信誉好的国际性大投资银行，其承销费远远高于国内承销商；另外，海外上市企业必须聘请海外有专业资格的公司和人士来担任律师和会计师。因此，即使不考虑其他如市场推广、公关服务顾问及上市等费用差异的影响，企业在英国上市与在内地上市相比，也要付出更高的成本。

2. 上市后维护成本高。

首先，从直接的维护费用来说，企业赴英国上市后要支付较高的会计师、律师、交易所年费等后续费用。

其次，对我国大部分企业而言，伦敦证券交易市场在提供较为完备的约束机制的同时，也具有巨大的语言、文化和法律壁垒。我国一些企业在伦敦证券交易所上市后，由于不熟悉英国成熟资本市场的运作方式，与投资者信息沟通不畅，造成后续市场表现不佳，股价不断下挫，难以进行再融资，甚至面临被摘牌的危险。同时，因信息沟通不畅及语言文化等方面的问题，国外投资者也不能充分了解我国企业的投资价值，不利于我国企业建立国际品牌和声誉。

再者，与本土市场的脱节，将对一些海外上市企业的长期发展产生影响。除去一些主要业务依托于国际市场的企业，从长远看，企业赴英国上市，在获取企业发展所需资金和成熟市场的培育机制的同时，也会出现与本土市场脱节的现象，无法有效地与本国经济形成相互促进、共同发展的合力，对企业做大做强将产生负面影响。

（五）适合在英国上市的企业

适合赴英国上市的企业是国内的大型企业，中小企业由于知名度太低，不易受到投资者关注，能募集到的资金相对于美国资本市场来说较少。

四、澳大利亚的资本市场

澳大利亚有三个交易所，即澳大利亚证券交易所（ASX）、澳洲国家证券交易所（NSX）和亚太证券交易所（APX），其中澳大利亚证券交易所类似于国内的主板，澳洲国家证券交易所和亚太证券交易所类似于深交所的中小板和创业板。澳大利亚证券市场多以农业、矿产、能源等类型企业为主，这和澳大利亚丰富的自然资源密不可分。

（一）在澳大利亚证券交易所上市的条件

目前，澳大利亚证券交易所上市公司数量已达2000余家，市场总值逾1.6万亿美元，为世界第八大、亚太地区第二大的资本市场。澳大利亚是在亚洲时区中第一个开盘的主要金融中心，正好跨接美国市场及欧洲市场开盘，拥有更强的二次融资能力，并且对增资规模和时间没有限制，能保持较高的增长速度。随着中澳自由贸易协定的签署及对外开放的深入，越来越多的企业走出国门到海外上市。澳大利亚证券市场因为其独特的魅力，也吸引了包括中国企业在内的亚太地区中小企业。在澳大利亚上市的具体条件见表7-4所示：

表7-4 澳大利亚证券交易所（ASX）上市条件

项 目	ASX上市条件
股东人数要求	公开发行后至少有500名投资者；或者至少有400名投资者，但其中25%的股份由非关联方持有
利润要求	过去3年净利润累计不低于100万澳元（1澳元约等于5.08元人民币），过去12个月净利润不低于40万澳元；若达到资产总值要求，可不考虑利润
资产要求	有200万澳元的有形资产净值，或者1000万澳元的无形资产市值
流动资产要求	流动资产不能超过有形资产的一半（公开发行后）；如果流动资产超过有形资产的一半，这些流动资产必须用于符合其公司商业目标的项目，其商业目标必须在证明文件里清楚表明
营运资金要求	营运资金不低于150万澳元；营运资金包括公司公开发行后第一年的全年预算收入，公司必须在招股说明书内表明其有充足的营运资金去实施公司所表明的商业目标；或由一个专业人士提供给ASX
财务报表和审计报表	公司必须提供给ASX其过去3年的全年财务报表和审计报表，一份通过注册审计师或独立会计师审核的预计资产负债表
公司章程	公司的章程必须符合ASX公司治理委员会列出的推荐规范

（二）在澳大利亚上市的优势

1. 上市环境好，与中国联系密切。

澳大利亚是为数不多的多年保持 GDP 增长较快的发达国家之一，且政治环境稳定。中国与澳大利亚长期保持着密切的政治和经济交往，华人经济及文化已融入澳大利亚主流体系，澳大利亚对华贸易迅速发展；中国与澳大利亚只有两小时时差，时间的接近将使中国企业在股票市场上获得明显的优势；澳大利亚股票市场较为成熟，其可信性、合作性和高效率性得到了国际市场的广泛认可；澳大利亚证券市场尤其擅长矿业、能源、技术和管理产权投资项目等方面的资本运作。通过在澳大利亚上市，企业可以更好地改变融资方式和融资环境。

2. 门槛低，再融资机会大。

澳大利亚是英联邦国家，它的证券上市规则、交易体系和法规监管与伦敦证券交易所非常相似，但它的上市门槛比伦敦的主板甚至创业板都要低。一般来说，企业在澳大利亚上市后，经过一两年发展，再到伦敦的创业板甚至主板进行二次上市，就会变得简单、容易许多。

3. 上市成本低，等待时间短。

中国大陆企业若想在内地上市，起码要花两到三年，如果是在美国、中国香港、新加坡或加拿大等国家和地区上市，也要花一年到一年半。而到澳大利亚上市只需 8~12 个月，时间较短。

（三）在澳大利亚上市的劣势

1. 国内企业不熟悉澳大利亚法律体系，加大了诉讼风险。

我国企业不熟悉澳大利亚的法律体系，这不仅使企业要付出更高的律师费用，还会面临种种诉讼风险。近几年，随着赴澳大利亚上市中国企业的增多，发生了越来越多的跨境争议，这无疑增加了企业上市后的法律维护成本。

2. 澳大利亚市场二级市场表现不佳，上市企业再融资困难较大。

国内赴澳大利亚上市企业遇到最大的问题，就是二级市场表现不尽如人意。曾经轰轰烈烈走出去的中国企业后来大部分让人失望，除一小部分企业外，绝大部分企业上市后的股价跌到了发行价以下。上市企业后市表现差带来了很严重的后果：直接影响是上市企业自身不可能在发行价以下再增发和配售股票，形成事实上的一锤子买卖，而且还断送了同行业其他企业的上市机会；间接影响是中国企业在澳大利亚的形象受到冲击，从而影响澳大利亚投资者对中国经济的信心。

（四）适合在澳大利亚上市的企业

在对不希望等待较长的审核时间，也不希望承担较高的上市成本的国内中小企业，尤其是农业矿业企业来说，澳大利亚证券市场是个不错的选择。

澳大利亚上市是中国企业一个全新的机遇，近年来这一势头发展十分迅速，它既使中国企业融到了发展所需要的资金，又促使中国企业改变思维意识，重视资本风险报酬，完善公司的治理结构。对于准备到澳大利亚上市的中国企业来说，应该切实根据企业自身的规模和实力、未来发展目标、融资需要，以及澳大利亚资本市场的特点，选择最适合自身的上市之路。

五、新加坡的资本市场

新加坡是全球重要的经济、金融、航运和贸易中心，国际化程度很高。新加坡证券交易所作为亚洲仅次于东京、香港的第三大证券交易所，是亚洲重要的国际化金融交易平台，不但有适合大型企业上市的主板市场，也有适合中小企业上市的凯利板（创业板），资本市场成熟，法律法规健全，是中国企业在境外上市的重要目的地之一。在新加坡上市条件详见表 7-5 所示：

表 7-5 新加坡上市的条件

项　目	新加坡证券交易所主板	新加坡证券交易所凯利板
实收资本	无具体要求	无具体要求
营运记录	须具备 3 年业务记录，发行人最近 3 年主要业务和管理层没有发生重大变化，实际控制人没有发生变更；采用美国会计准则或新加坡会计准则	有 3 年或以上连续、活跃的经营纪录，所持业务在新加坡的公司须有两名独立董事；业务不在新加坡的控股公司，有两名常住新加坡的独立董事，一位全职在新加坡的执行董事，并且每季开一次会议
盈利要求	过去 3 年税前利润 750 万新元，每年至少 100 万新元，或最近两年累计税前盈利 1000 万元新币（1 新元约等于 5 元人民币）。	不要求一定有盈利，但会计师报告不能有重大保留意见，有效期为 6 个月
最低公众持股量	25% 股票至少有 1000 名股东持有，大于 3 亿新元比例减至 10%	公众持股至少为 50 万股或发行缴足股本的 15%（以高者为准），至少 500 个公众股东
最低市值	8000 万新元	无具体要求
证券市场监管		全面信息披露，买卖风险自担

（一）在新加坡上市的优势

1. 优越的地理位置和文化背景。

新加坡是中西文化交融之地，华人文化相通，地理位置优越，是中国企业亚洲区域性总部的合适选择，中国公司既可在新加坡得到文化上的认同，又可作为公司产品销售、技术交流、国际合作的最佳平台。新加坡证券交易所是东南亚最大的证券交易所，在国际资本市场上市，有利于企业树立更好的企业形象，树立国际品牌。

2. 政府支持。

新加坡政府金融管理局和中国证监会签署协议,双方一致同意大力推动中国企业赴新上市。新加坡政府设有多个风险投资基金,为中国企业提供上市前的融资,推动优秀企业赴新上市。

3. 税收优惠。

新加坡的税收和外汇制度优惠程度不逊于百慕大群岛和英属维尔京群岛,其综合税负只有16%,没有遗产税。股份公司可直接设于新加坡,这减少了上市环节,节约了上市费用,如新加坡的税收政策规定"不盈利,则不交税,不审计报表"。新加坡政府和中国政府签订了避免双重赋税的协议、投资保障协议,以及自由贸易协定,这对拟赴新加坡上市的中国企业来说具有很强的吸引力。

(二)在新加坡上市的劣势

新加坡证券市场的劣势也是很明显的,相比中国香港和美国,新加坡证券市场的规模要小得多,企业在新加坡上市可能募集到的资金也就很有限。另外,新加坡市场的市盈率、换手率等重要指标都比美国要低,这也让新加坡的竞争力大打折扣。

(三)适合在新加坡上市的企业

适合在新加坡上市的是国内的一些中小民营企业,它们不希望等待审核,也不希望支付过高的上市费用。

对中国香港、美国、英国、澳大利亚、新加坡五个资本市场的对比和企业上市条件的比较(见表7-6),大致展现了企业上市的基本轮廓和基本要求。通过这些比较不难看出,五个资本市场各自有着优势和劣势:香港优势主要是地域和语言与内地接近,可以先入为主,但资本规模难以和美国相比;美国虽然相对费用较高,但上市的途径和方式多种多样,适合不同需求的企业,筹集的资金也相对要多一些;

英国上市门槛低，筹资速度快且监管环境宽松，融资规模较大；澳大利亚上市成本较低，等待时间较短；新加坡优势是政府支持力度大、优惠政策多、募集资金便利，但是证券市场规模小且募集资金有限。

表 7-6 世界主要上市地比较

项目上市地	香港	纽交所	纳斯达克	英国	澳大利亚	新加坡
基金量	多	多	多	多	多	一般
当地证监会监管力度	强	极强	极强	强	强	强
对企业品牌号召力	强	较强	强	强	较强	强
变现能力	强	最强	强	强	较强	较强
媒介推荐力	强	强	强	一般	强	一般
股价上升空间	一般	大	大	一般	一般	一般
对中国内地企业欢迎度	好	较好	好	好	很好	较好
中国政策影响力	强	一般	一般	一般	一般	一般
上市费用	一般	高	较高	较高	较低	较低
市盈率*	12倍左右	15～20倍	20～30倍	10倍左右	15～20倍	8～10倍
上市公司类型	侧重于垄断性行业，如银行、石油、连锁等	上市企业主要面向成熟性企业	主要是高科技概念性、高成长性企业	侧重于通讯、航空、石化等行业的大型公司	矿产、能源和能源科技、农业和食品加工、高科技等	侧重于中小型传统行业，如纺织工业等
上市条件	要求严格	相对宽松	宽松	相对宽松	相对宽松	较严格

＊注：以上各交易所平均市盈率的统计时点为2017年4月21日各交易所收盘时。

在经济全球化和国际金融资本一体化的大背景下，国际资本流向中国，中国的企业走向境外融资已经是大势所趋。中国企业如何抓住机遇，利用国际资本的"血液"谋求自身更好的发展，已成为不容回避的一个话题。境外证券市场像一块巨大的磁铁，吸引着越来越多的中国企业进行境外上市股权融资。

第八章 > 如何评估一个企业的价值

企业的估值方法有很多种，每一种不同的估值方法侧重点都有所不同。对企业估值方法的分析和比较，有助于企业在估值过程中对方法的选取和应用。企业的估值不是简单的资产叠加，而是对其盈利能力、发展前景等价值的综合评价，这一评估有助于企业获得外界投资，同时也方便企业对自身发展现状进行全面地了解，以便做出调整。本章将对相对估值法和绝对估值法进行分析，总结两种方法的优缺点，并对其在现实中的应用做一个简单介绍。

一、相对估值法

相对估值法是一种乘数方法，把股票市场上类似企业的价值和最近同类企业的并购价作为参考值，除以某一指标（利润、净资产、销售额等）得出倍数基数，用融资企业的相关指标乘以倍数得出其价值水平。相对估值法因简单易懂、便于计算而被广泛使用，其原理是相同或相似的资产应具有相对可比的价值，采用这种方法的前提必须是具有完备的，至少是有效的市场。只有在此前提下，资产的市场公允价值才会等于或接近其内在价值，依据可比资产的市场价值计算出来的目标资产价值才能比较真实地反映它的内在价值。相对估值法通常是先选择可比公司，再确定适当比率，最后计算企业的价值。对于确定可比公司最重要的一点，是公司间的未来现金流量有较高的相关性，通常在同一行业或地位相似的公司，面对相似的市场，公司间的经营模式也可能大致相似，它们之间的现金流量也最可能具有较高的相似性；接下来还要进一步对备选公司的资产规模、资本结构、财务比率等方面进行分析，剔除与目标公司差别过大的公司。

确定适当比率是相对估值法的关键，因为这种方法实质上就是用所选比率的实际值来反映资产的价值，因此所选的比率要与未来现金流量之间存在密切的联系，并且在可比公司间具有较强的可比性。常用于相对估值法的比率包括市盈率、市净率、市销率等。

（一）市盈率法

市盈率计算公式为：市盈率＝股票市价÷每股收益。市盈率水平反映了投资者对每股收益所愿支付的价格倍数，它可以用于估计企业的市场价值，即以预先确定的公司市盈率及预计的盈利水平来测算企业价值。企业价值＝估计盈余×市盈率。

由于市盈率可分为静态市盈率和动态市盈率，相应地形成两类市盈率的估值方法。采用静态市盈率估值，一般是以近期的税后利润和给定的市盈率加以估计。为了去除经营波动性的影响，可以采用最近三年或更长期间的税后利润平均值作为盈余的估计。如果使用动态市盈率法估值，则要使用预测的经营业绩进行估值。

市盈率法在具体用于估值时，往往是基于一定比较对象的相对估值方法。通常先要选择具有可比性的上市公司的市盈率或公司所属行业的平均市盈率,然后根据公司预计的盈余初步测算出公司的价值,再根据估值公司与可比公司或行业平均水平的差异加以调整,最后推算出被评估公司的价值。应用市盈率法的关键是选择合适的比较基础。市盈率法的优缺点及适用范围如表8-1所示。

表8-1 市盈率法优缺点及适用范围

市盈率法	优点	①计算市盈率的数据容易取得,且计算简单 ②把价格和收益联系起来,能直观地反映投入和产出的关系 ③在现实中的应用十分广泛,尤其是当其他诸多方法难以应用时,市盈率法往往作为好的备选方法投入应用
	缺点	①如果收益是负值,市盈率就失去了意义 ②除了受企业本身基本面的影响以外,市盈率还受到整个经济景气程度的影响。β值[1]显著大于1的企业,经济繁荣时评估价值被夸大,经济衰退时评估价值被缩小;β值显著小于1的企业,经济繁荣时评估价值偏低,经济衰退时评估价值偏高;周期性的企业,企业价值可能被扭曲
	适用范围	市盈率模型最适合连续盈利,并且β值接近于1的企业

(二)市净率法

市净率计算公式为:市净率=股票市价/每股净资产。相应地,企业的股权价值等于股东权益账面价值乘以市净率。

采用市净率法估值的优势在于不必考虑资产的收益状况,从而放松了应用过程中对盈利和分红的要求,也相应避免了市盈率法对微利或亏损公司估值的乏力。

在国际上,银行业上市公司通常采用市净率法,且一般不超过

---

[1] 即Beta值,是一种风险系数,用以表示投资活动对系统风险的敏感程度,并衡量个别股票或基金相对整个股市的价格变动情况。

两倍。从目前来看，国内银行业无论市盈率还是市净率，与国际成熟资本市场的估值都比较接近。市净率法的优缺点及适用范围见表8-2所示。

表8-2 市净率法优缺点及适用范围

市净率法	优点	①市净率极少为负值，可用于大多数企业 ②净资产账面价值的数据容易取得，且易于理解 ③净资产账面价值比净利稳定，且不像利润那样经常被人为操纵 ④若会计标准合理且各企业会计政策一致，市净率的变化便可以反映企业价值的变化
	缺点	①账面价值受会计政策选择影响较大，如果各企业执行不同的会计标准或会计政策，市净率会失去可比性 ②固定资产很少的服务性企业和高科技企业，其净资产与企业价值关系不大，市净率的比较没有实际意义 ③少数企业的净资产是负值，市净率便没有意义，无法用于比较 ④忽视了品牌、人力资源、管理水平等一些重要的价值驱动因素对净资产的影响
	适用范围	主要适用于拥有大量资产、净资产为正值的企业

（三）市销率法

市销率的计算公式为：市销率 = 总市值 ÷ 主营业务收入 = 股价 ÷ 每股销售额。这一指标可以用于确定股票相对于过去业绩的价值。市销率也可用于确定一个市场板块或整个股票市场中的相对估值。市销率越小（比如小于1），通常被认为投资价值越高，这是因为投资者可以付出比单位营业收入更少的钱购买股票。

市销率与市盈率对比，其优势主要如下：

1. 亏损的公司没有利润，无法评估市盈率，市销率可以很好地避免这一问题。初创型的公司一般都属于亏损状态，可以使用市销率来评估公司的价值。

2.企业利润可以通过很多财务操作进行操纵，而营业收入不容易被操纵，故市销率的真实性较市盈率高。市销率法的优缺点及适用范围详见表8-3。

表8-3 市销率法优缺点及适用范围

市销率法	优点	①不会出现负值，处于亏损和资不抵债的企业，以及很多创立初期不盈利的互联网公司也可以计算出一个有意义的价值乘数（如京东、饿了么、滴滴等互联网公司） ②相对稳定、可靠，不容易被操纵 ③对价格政策和企业战略变化比较敏感，可以及时反映这种变化的结果
	缺点	①无法反映公司的成本控制能力，若成本上升、利润下降但不影响销售额，市销率也依然不变 ②市销率会随着公司销售收入规模扩大而下降；营业收入规模较大的公司，市销率较低，对这类公司的估值就不够公允
	适用范围	主要适用于销售成本率较低的服务类企业，或者销售成本率趋同的传统行业企业

二、绝对估值法

在企业价值评估方法中，绝对估值法以其严谨的评估逻辑，是较相对估值法更有说服力、客观的估值方法，具体分为贴现现金流法、经济增加值法、净资产价值法等。

（一）贴现现金流法

贴现现金流法（Discounted Cash Flows，简称DCF法）是通过预测企业未来的现金流，将企业价值定义为企业未来可自由支配现金流折现值的总和，包括自由现金流模型和红利模型。贴现现金流法的基础是现值原则，即在考虑资金的时间价值和风险的情况下，将预期发生在不同时点的现金流量，按既定的贴现率，统一折算为现值，再加总求得目标企业价值。公式表示为：

$$V = \sum_{t=1}^{n} \frac{CF_t}{(1+r)^t}$$

其中，V为目标企业价值；CF_t为预期内第t年的自由现金流；n为预测期；i为贴现率（也被称为资金成本）。

DCF法是一套很严谨的估值方法，想得出准确的DCF值，需要对公司未来发展情况有非常清晰的了解。得出DCF值的过程就是判断公司未来发展的过程，所以DCF估值的过程也很重要。就准确判断企业的未来发展来说，成熟稳定的公司相对容易判断一些；处于扩张期的企业未来发展的不确定性较大，准确判断较为困难。

（二）经济增加值法

经济增加值（Economic Value Added，简称EVA）是指公司的调整税后净经营利润超过公司经营活动占用资金的资本成本的部分，等于投入资本回报率与资本成本之差乘以投入资本。计算公式为企业价值＝NOPLAT[1] －投入资本 ×WACC[2]

贴现现金流法和经济增加值法相比，其优越性在于不再仅停留于会计利润的层面，而是通过经济利润的度量，去关注企业经济价值创造，使企业长期价值创造在各个期间均能得到合理的体现，适合企业管理者运用本方法进行业绩考评与奖惩，也可以对未来的价值创造以考虑长期业绩规划。可以说，贴现现金流法既是直观的利润指标，也是客观的业绩评价，在资本市场评估中也非常有效。

---

[1] NOPLAT（Net Operating Profits Less Adjusted Taxes），扣除调整税后的净营业利润，即息前税后经营利润，指税后扣除与非经常性损益之后的公司核心经营活动产生的税后利润（不包括利息）。

[2] WACC（Weighted Average Cost of Capital），加权平均资本成本，是指企业以各种资本在企业全部资本中所占的比重为权数，对各种长期资金的资本成本加权平均计算出来的资本总成本。

（三）净资产价值法

净资产价值法（Net Asset Value，简称NAV）适合具有资源储备，如石油、房地产等行业的企业。以这些储备未来成为成品所带来的现金流的现值，视为对企业价值的估计，再扣除净债务后，就是企业的股权价值。这一方法显著区别于其他方法的特征是，不通过经营分析强调盈利分析，而是更多地关注拥有的这些稀缺资源能为企业带来的现金流，尤其是终值的现金流计算。

绝对估值法一直被投资界认为"理论虽完美，但实用性不佳"，主要原因有：

1. 中国上市公司相关的基础数据较为缺乏，取得准确的模型参数比较困难。不可信的数据输入模型后，多会得到合理性不佳的结果。

2. 中国上市公司的流通股一般不到总股本的三分之一，与产生于欧美发达国家的估值模型中股票全部流通的基本假设不符。

3. 在现金流量折现法中，被评估公司的价值主要取决于其未来现金流量，而未来现金流量具有很大的不确定性；此外，在各种现金流贴现模型应用中，常要求剔除非经常性损益，以保证获得正常的现金流，这更减弱了它的实用性。

总之，上述任何一种绝对估值方法都需要在对企业财务报表进行全面深入分析、设置合理假设后，才能实现对较长预测期下企业的内含价值评估，估值结果的合理性取决于对未来预测的分析及折现率等关键数值的准确设定。

三、相对估值法和绝对估值法优缺点对比

相对估值法和绝对估值法各有优缺点（见表8-4），有不同适用对象，并不存在孰优孰劣的问题。在具体估值时应根据具体情况

选择合适的估值方法进行估值，如注重稳定性的企业可首选绝对估值方法，而互联网公司等注重成长性的公司可首选相对估值法。但任何方法的选择都不是绝对的，也不是一成不变的，还需要在实践中不断摸索与总结，并借鉴先进理论和经验。并不是估值越高越好，一般估值高要接受对赌，经营者压力越大；估值越高，下一轮融资就越难，而下一轮融不到资，这些公司可能就面临破产。准确的估值定价，可以帮助投资者抓住市场机会，做出正确的决策。

表 8-4 相对估值法和绝对估值法优缺点对比

优/缺点	相对估值法	绝对估值法
优点	①简单易懂 ②数据容易取得，计算方便 ③适用范围较广	①通过实际财务数据对未来进行预测，更有说服力和可信度，是上市公司估值的基础，有完整的理论模型 ②通过公司财务报表获得所需的现金流，可以直接反映公司的成长性和营运能力
缺点	①用行业水平代表个体公司的水平时未必能够完全反映待估值公司的内在价值 ②乘数法将大量的信息集中在一个乘数中体现，造成信息被压缩；乘数体现的是静态指标，不能反映目标公司的经营现状	①所需数据比较多，模型操作比较复杂，需要分析者对公司未来发展情况有较好的分析能力 ②未来股利、现金流、贴现率的确定大多比较难，影响估值的精确性

第九章 > 公司治理，股权结构决定生死

中国素有"民以食为天"等谚语，表明中国饮食文化源远流长。但中餐馆连锁店的口味标准化问题一直没有解决，使得同一个品牌的不同饭店口味可能大相径庭，不利于快速复制，从而发展壮大，这是社会认为中餐品牌林立却做不大，中餐品牌上市公司非常少的原因。因为蒸菜容易标准化复制，创立于中国南方小城的"真功夫餐饮管理有限公司"用蒸菜的方式解决了影响中餐品牌扩张的重要难题，进入快速复制、发展壮大的阶段，却最终在股权结构上受到羁绊。

"真功夫"源于1990年潘宇海在广东东莞开办的"168蒸品店"。1994年，潘宇海的姐姐潘敏峰与姐夫蔡达标和潘宇海合作开店，股权设计上，潘宇海占50%，蔡达标占25%，潘敏峰占25%。随着公司从"168蒸品店"到"双种子公司"，再到最后的"真功夫"，这种股权设计一直没有改变。直到2006年，蔡达标和潘敏峰协议离婚，潘敏峰放弃了自己25%的股权给蔡达标，潘宇海与蔡达标两人的股权也由此变成了50%∶50%。

世上最差的股权结构是两个股东各占50%，即使引入私募股权投资基金后，蔡达标和潘宇海的股权比例仍然是47%对47%。这样

的股权结构不出问题是偶然的，出问题是必然的。在这种最差的股权结构之下，"真功夫"的股东会、董事会、经营层中都是蔡氏家族和潘氏家族的人。在蔡达标和潘敏峰夫妇婚姻解体、反目成仇以后，蔡氏家族成员和潘氏家族成员立即各站一方，完全忽略了"真功夫"作为公司法人独立存在，需要遵循公司治理的基本要求。PE为资本方，逐利是其最大的目的，因此，投资一家企业后，一定会支持能力较强、对企业发展作用更大的一方。他们投资"真功夫"，主要看中的是蔡达标的能力，因此，无论在股东会还是董事会，PE都支持蔡达标，力图确立蔡达标的核心地位。这样一来，本来平衡的天平，倒向了蔡达标，而潘宇海则被逐步边缘化，蔡氏家族在控制"真功夫"期间，无视了潘氏家族作为真功夫股东的权利。企业的每个股东对企业的贡献肯定是不同的，而股权比例对等，即意味着股东贡献与股权比例不匹配，这种不匹配到了一定程度，就会造成股东矛盾。另外，这种股权结构没有核心股东，也容易造成股东矛盾。这无疑也引起了潘宇海的反弹，股东冲突由此引爆。

蔡达标和潘宇海两人为争夺公司控制权，缠斗多年。之后，潘宇海之妻向公安机关报案，2011年，蔡达标被广州警方以"涉嫌经济犯罪"的名义带走，"真功夫"也错失上市机会。

除了股权结构问题，从"真功夫"这个反面案例中，我们也看到了家族企业管理形式对公司发展壮大的局限。一般来说，在企业的初创阶段，家族企业管理形式有很大的促进作用。一来它能解决股东之间的信任问题，凭借血浓于水的感情，使得企业的初创阶段，大家不计报酬，全力付出；二来企业在初创阶段，也没有资本实力邀请有才干的职业经理人加盟。企业发展到一定规模以后，需要建立规范的法人治理结构，为企业发展立下汗马功劳的家族成员，有可能已经不再适应企业发展的需要，但他们不愿只做股东不参与公司经营管理，也没法辞退，实际上变成了阻碍企业进一步发展的力量，这时候问题便出现了。

对于如何解决股权结构平均的问题，我们从另一个中餐连锁企业"海底捞"的案例中寻找答案。

1994年，四个要好的年轻人在四川简阳开设了一家只有四张桌子的小火锅店，这就是海底捞的第一家店。现在的海底捞董事长兼总经理张勇没有出一分钱，其他三个人凑了8000元钱，四个人各占25%的股份。后来，这四个年轻人结成了两对夫妻，两家人各占50%股份。随着企业的发展，没出一分钱的张勇认为另外三个股东跟不上企业的发展，不留情面地先后让他们离开企业，只做股东。张勇先让自己的太太离开企业，2004年他让施永宏的太太也离开企业。2007年，在海底捞步入快速发展的阶段，张勇让无论从股权投入还是时间和精力付出上都平分秋色、与自己有20多年老交情的朋友施永宏也离开企业。张勇在让施永宏下岗的同时，还以原始出资额的价格，从施永宏夫妇的手中购买了18%的股权，张勇夫妇成了海底捞68%（超过2/3）的绝对控股股东。在海底捞成立13年进入快速发展阶段的时候，一方股东却将18%的股权，以13年前原始出资额的价格，转让给了另一方股东，这让人匪夷所思。但是，施永宏却如此回答："我想通了，股份虽然少了，赚钱却多了，同时也清闲了。还有他是大股东，对公司就会更操心，公司会发展得更好。"

"海底捞"以匪夷所思的方式解决了最差股权结构的问题，这得益于另一个股东的大度和理解。相对"真功夫"而言，这两家企业的不同命运，表明了股权结构对于企业发展的重要性：

第一，创业初期股权比例均等不可避免。一般来说，民营公司创业之初，创业者相对年轻，资金资源都较少，个人能力也没有实质性的表现，鉴于彼此间的亲属、同学、同事关系等综合因素，大家不好意思将股权设计成较大差异结构，这在创业之初是完全可以理解的，否则股权比例差异过大，也不能调动创业股东的积极性。

第二，随着企业的发展，股权比例均等产生的矛盾一定会出现。比较妥当的方法是在创业之初股东们先做出约定。比如，约定在每年的可分配利润中拿出一定的比例，作为对未来新加入股东，或者公司经营者的奖励基金，这样公司发展过程中引进人才的股权，就可以用这些基金对公司进行增资，使公司股东和股权比例发生变化。也可以由创始股东们预先作出约定，预留20%～30%的股权，作为引进人才和对公司高管奖励的股权。当公司需要引进人才时，有相应的股权可以安排，并在合适时机引入外部资金，调整股权比例；公司利润分红时将股权分红和业绩考核分红相结合，同时约定经营业绩分红可用于股权增资。

第三，民营公司在创业之初，常常是股东会、董事会、经理会混为一体。在股权均等的情况下，股东间的矛盾就从股东会、董事会、经理会三个层面全面出现，严重时连公司日常经营活动都受到影响。要解决这样的矛盾，比较可行的方法是在董事会、经理层层面形成相对多元的格局。因为股东的持股比例和人数是固定的，但股东会一般不涉及企业经营中的具体问题。因此，在董事会层面，有目的地吸纳少数股东们共同尊重和信赖的长者、专家进入董事会，做外部董事或独立董事，董事会、股东方的董事意见出现冲突的时候，有双方认可的外部董事、独立董事可以起到一个沟通、协调、平衡的作用，有利于化解股东方董事间的矛盾。在经理层，及早提拔少数高级管理人员参与经理会，也会形成一种沟通、平衡的力量。

企业管理首先应依靠公司契约，涉及的各项都要写清楚，若有补充也可以修改公司章程，以便矛盾出现时有章可循。"真功夫"案例暴露出"真功夫"内部规则的缺失。好的家族企业治理一定要建立非常清晰的家族治理结构，通过家族宪章或是家族议会等正式的组织和规则的形式，把它明确化、固定化，并且不断强化。总之，规则和产权是公司发展的两大基础，没有这两大基础，公司就得不到长久发展。其次，家族成员要明确自身之于企业的作用，公司在不同阶段的需求是不一样的，一旦创始人跟不上公司的需求，应该退出时就应当主动退出。

其实，从全世界来看，创始股东在发展到一定阶段退出经营管理层甚至董事会是司空见惯的事：创建了雄霸世界的计算机硬件公司IBM的沃森家族，创立福特汽车的福特家族，创立通用电气的爱迪生家族等，如今这些公司董事会中已经难觅创始人家族后人的身影。

著名民营企业复星集团创始人之一的梁信军退出自己一手创立的公司的消息，在社会上引起了很大反响。复星集团起源于1993年成立的昌信科技，分别用两个创始人郭广昌和梁信军名字中的一个字命名，双方各占50%的股权。后来郭广昌的前妻谈剑和复旦校友汪群斌、范伟的加入，以及之后谈剑的退出，四位股东在上市前股权变更为58%、22%、10%、10%，郭广昌成为控股股东。外界虽然对于股权变更的原因并不知晓，但这种股权结构比当初的50%对50%显然更有利于公司的发展，虽然也可能埋下了后来范伟和梁信军相继退出的种子。随着范伟和梁信军的相继退出，股权再次变更，但因为复星集团已经在香港整体上市，对公司的影响并不会太大。

请大家记住股权中的几个重要数字：

33%是相对控股，对于一些股份分散的公司，单一股东33%就能成为第一大股东，并左右公司决议的通过和经营管理。

51%是绝对控股，可以进行财务并表，所以上市公司并购都会要求51%以上股权。

67%可以决定公司的一切大事，因为有些重大决策需要2/3以上股权的股东通过。

由此可见，初创公司创业团队在企业发展初期建议持有67%以上的股权，在融资后上市前建议持有51%以上股权，上市后建议持有33%以上股权，如此操作，一家公司的管理层才能比较稳定。

第十章 > 如何合理运营并购基金

并购基金是指由一个或多个机构提供资金来源,有针对性地从事收购标的企业的股份或资产,通过改善运营、资产重组或整合等一系列手段,促使标的企业增值后,再通过多样化渠道(IPO、标的企业回购股份、转售股份等)退出标的企业或获取分红的一种私募股权投资基金(PE)。

并购基金的投资对象与其他私募股权投资基金有所不同。首先,并购基金所投资的企业多具有稳定的现金流,运作相对成熟;其次,控股型并购基金会注重获得对目标企业的影响力,以期进一步行动;另外,并购基金因其投资对象及盈利模式等方面的原因,其投资周期往往会长于其他类型基金。

因为现行政策和中国特殊的投资环境等原因,在中国最为流行的并购模式为由私募股权投资基金与上市公司共同设立并购基金,即"PE＋上市公司"模式。在这种模式中,参与双方的优势都能得到发挥,既能充分利用金融工具的放大作用,又能结合上市公司的平台资源,推进并购重组,优化产业结构。

一、并购基金运作模式

（一）参股型并购基金

参股型并购基金主要通过协助主导并购方，为其提供融资服务或股权投资，最后获利退出。国内的 PE 机构运作尚未完全成熟，且并购市场还处于发展阶段，因此中国本土的并购基金多从事参股型的股权投资，通过资本注入降低企业负债，实现资产负债表的重置（或叫资本结构调整）。这一模式的典型例子有华菱钢铁，它是湖南省内第一家把企业合并成集团的公司，因希望继续创新，尝试发展为混合所有制，引入新的战略投资者。对于兼并重组和股权运作驾轻就熟的华菱，目前引入了世界第一大钢铁企业安赛乐米塔尔为战略投资者，并且投资了上游矿商福蒂斯丘金属集团（FMG）。

（二）控股型并购基金

控股型并购基金的运作是以取得目标企业控制权为基础，运用资产整合、重组或改善运营等手段培育目标企业，最终获利退出。控股型基金在欧美已经比较成熟，成为欧美市场并购基金的主要形式。在欧美市场，PE 基金中超过 50% 都是并购基金。获取标的企业控制权是并购投资的前提，并购基金进入目标企业后，通过各种方式打包重新 IPO 或卖出。凯雷投资集团、摩根大通曾以 4.3 亿美元收购韩国韩美银行，经过整合后再以 27 亿美元卖给花旗集团。美国著名的投资公司黑石集团、凯雷投资集团、华平投资集团等都是并购基金。

国内也有类似案例。弘毅资本收购江苏的一家玻璃企业，再整合其他的六七家玻璃企业，以"中国玻璃"为名于 2005 年 6 月 23 日在香港主板上市，成为 2005 年内地仅有的两家红筹公司之一。中国玻璃法定股本 7 亿股，已扩大股本 3.6 亿股，IPO 后首日市值为 8

亿元，弘毅投资拥有其中 62.56% 的股权。"中国玻璃"是弘毅投资的经典手笔。

二、并购基金的盈利与估值

（一）并购基金的盈利

并购基金的盈利来源包括基金分红、固定管理费、上市公司回购股权的溢价及财务顾问费等。对 PE 和投资者而言，投资回报主要是分红和到期返还，一般依据投资合同的约定来。主要有如下几种方式：

1. 被投资企业上市，投资人持有被投企业原始股，获得投资额与原始股变现的差价。

2. 被投资企业回购 PE 投资股份，投资人获得回购金额与投资金额的差价。

3. 成为被投资企业的股东，获得被投资企业的分红。

4. 将持有的被投资企业股份转让给其他机构或个人，获得转让收益和投资额的差价。

5. 与被投资企业签订对赌协议，在被投资企业没有达到预设指标后，获得被投资企业的经济补偿。

GP（普通合伙人）一般会收取 2% 左右的管理费和 20% 的超额收益，即 "2+20"。目前超额收益的分配模式主要有两种，一种是欧洲模式，即优先返还出资人全部出资及优先收益模式，投资退出的资金需要优先返还给基金出资人，至其收回全部出资及约定的优先报酬后，GP 再参与分配；另一种是美国模式，即逐笔分配模式，每笔投资退出 GP 都参与收益分配，以单笔投资成本为参照提取超额收益的一部分作为业绩奖励。美国模式下 LP（有限合伙人）收回投资的速度要慢于欧洲模式，目前国内绝大部分基金都采取欧洲模式。

（二）并购基金的估值

在并购过程中，最困难的一环在于对企业和企业家的估值。国际上通行的企业估值法有三种。第一种是重置法，就是对现在重建该企业的成本进行评估；第二种是类比法，就是寻找跟该企业相类似的已上市企业，以它的市值进行推断；第三种是折现法，根据企业的赢利能力，把它未来的利润折算到当前的数额。目前国内的并购基金根据实际情况合理采用市场法、收益法、资产基础法等方法进行估值。市场法是将评估对象与参考企业、在市场上已有交易案例的企业、股东权益、证券等权益性资产进行比较，以确定评估对象价值；收益法是通过将被评估企业预期收益资本化或折现，以确定评估对象价值；资产基础法是在合理评估企业各项资产和负债价值的基础上确定评估对象价值。

三、管理方式

PE机构作为专业的基金管理方，对并购基金起到了非常大的作用。

1.PE机构作为专业的金融机构，会根据上市公司在出资比例、决策方式、减少税负、降低风险等方面的特殊需求设计并购基金的结构。

2.PE机构作为专门的金融行业从事者，拥有金融方面的专业知识，有基金募集相关的资源，为资金较少的上市公司利用杠杆进行并购提供了可能。

3.PE机构具有丰富的基金管理经验，对并购交易活动中的详尽调查、交易谈判、价值提升及项目监督等方面都能够发挥很大的作用。

上市公司作为并购交易的主导方，能够有效地降低并购交易的风险和成本。

1. 上市公司拥有较高的信誉，在并购贷款、基金募集等方面很有优势。

2. 上市公司有丰富的行业经验，能够为并购基金提供准确的行业分析并选择合适的目标企业，也可以为决策提供有效的意见和建议。

3. 上市公司在该类型的并购基金中往往是并购项目的接盘者，为 PE 机构的资金和其他资金的退出提供了较为安全、稳定的渠道。

四、退出模式

（一）上市公司并购退出

上市公司并购退出指的是"PE+ 上市公司"型并购基金投资目标企业，通过上述盈利模式中的手段使其增值后，再由主导该项并购交易活动的上市公司对目标企业进行收购，从而实现 PE 机构顺利退出。这种方式的优势在于其退出渠道的安全稳定。"PE+ 上市公司"型并购基金的设立，就是为帮助该上市公司实现产业规模扩大，或形成完整的产业链等战略目的。因而并购基金自设立伊始，投资、资产剥离重组等所有行动基本上都是为上市公司量身订造的。所以，上市公司并购退出"PE+ 上市公司"型并购基金风险最小，周期最短，也是当下这种并购基金最主流的退出渠道。

（二）首次公开上市

当"PE+ 上市公司"型并购基金所投资的项目达到了上市的标准且无其他特殊阻碍因素时，IPO 上市是 PE 机构最理想的退出渠道，因为 PE 机构能够从中国的股票二级市场上获取丰厚的资本溢价回报。但是资本市场毕竟存在一定的风险，且根据《证券法》，PE机构所持有的股份在一年之内不能变现，所以这一退出渠道资金回笼周期长，风险较大。

（三）协议转让

协议转让指的是将"PE+上市公司"型并购基金所持有的项目转让给PE机构和该上市公司以外的第三方的一种退出渠道。采取这种退出方式大多是两种情况：一是第三方报价使PE机构和该上市公司满意；二是并购项目达不到上市公司的预期标准。

（四）被目标企业回购

被目标企业回购是指"PE+上市公司"型并购基金所投资的企业或该企业的大股东、管理层，将该企业的股份从并购基金手中赎回，以重新获得企业控制权的一种退出渠道。股权回购实质上也是协议转让的一种形式，其特点在于交易主体是目标企业与并购基金。

很多时候并购基金不是单纯靠资本的注入来实现投资回报，而是通过指导和参与所投资企业的日常运营，提升企业的经营业绩最终获得收益。这类盈利模式是国际并购基金中最常见的。通过引入新的CEO和高管团队、推动新的发展战略、提升运营效能等，企业在两三年内经营业绩如能实现大幅度改善，那无论是二次上市还是卖给下一个投资者或基金，这时的企业价值都有可能翻几倍。改善运营可以通过大规模的横向并购形成市场控制力，比如中国建材集团通过并购实现水泥产业的核心利润区、降低恶性竞争；也可以通过上下游企业的纵向并购降低运营成本，比如煤炭企业进入发电行业、电商并购物流仓储企业等。一般来说，税前的债务成本比股权成本要低，如果债务利息成本又享受免税，那么这又降低了税后债务成本。因此，并购基金也可以人为地增大所投资企业的杠杆，以此获得税负优化。如果允许采用固定资产加速折旧，这样组合起来的高杠杆和高折旧，通常会给并购后的企业带来可观的短期收益。当并购基金是实际的企业控制者时，分红政策由并购基金说了算，连续几年的快速分红会给基金带来不错的回报，这就是通过债务结构获利而不是通过经营业绩获利的所谓"分红重置法"。

目前国内并购基金常见的设立和运作步骤，首先是成立基金管理公司，用于充当并购基金的普通合伙人（GP）[1]，其次是挖掘一个或若干个项目，设立并购基金，募集有限合伙人（LP）[2]。并购基金常常有一定的存续期，比如3年、5年等；项目结束、并购基金到期后基金清盘，按照收益分配机制给LP提供相应的投资收益。

并购基金的主要参与者分为PE、产业资本和券商直投三类。PE主要服务于项目端，最后实现退出。产业资本往往围绕自身上下游产业链布局，一般只以较少比例出资（10%～20%左右），作为LP与PE机构联合发起并购。券商直投主要围绕上市公司的需求，结合投行、研究所提供综合服务，发掘并购机会。

目前我们正在操作的上市公司并购基金的模式属于第一类和第二类，第一类由上市公司出部分资金做劣后（约占总募集金额的20%），再从民营企业募集平行或者夹层基金（约占20%），必要时再募集优先级基金，主要来源是银行、信托和民间资金。第二类产业基金由地方政府出部分资金，再通过社会募集和银行等机构适当配资。

---

[1] 普通合伙人(General Partner, 简称GP)，一般指私募基金、对冲基金、风险投资等机构的管理机构或发起者（自然人），对合伙企业债务承担无限连带责任。
[2] 有限合伙人(Limited Partner, 简称LP)，即一般意义上的项目出资人（法人、自然人），以认缴的出资额为限对合伙企业债务承担责任。

第十一章 > 对赌博弈：一荣俱荣，一损俱损

在投资中，往往涉及对赌条款。不少人把对赌想当然地理解为赌场里两个对手之间的赌博，那就必然有赢家和输家。在投资中涉及的对赌是否也是一回事呢？

对赌协议（Valuation Adjustment Mechanism，简称 VAM）最初之所以被翻译为"对赌协议"，是因为符合中国文化的特色。但其实际意思是"价值调整机制"，所以我们日常听到的对赌协议涉及的问题其实和赌博无关，实际上就是期权的一种形式。通过条款的设计，对赌协议可以有效保护投资人的利益。在投资界，对赌协议已经普遍应用。

对赌协议的产生，是由于企业方和投资方在信息获取上的不对等。企业方最熟悉企业内部真实的情况，为了抬高自身估值，有可能隐瞒对企业不利的一些情况；投资方在投资前虽然经过专业团队的尽职调查，但在信息获取方面还是处于劣势。对赌协议就是收购方（包括投资方）与出让方（包括融资方）在达成并购（或者融资）协议时，就未来不确定的情况进行一种约定。如果约定的条件出现，投资方可以行使某一种权利；如果约定的条件不出现，则融资方行

使某一种权利。所以，对赌协议实际上就是期权的一种形式，一种价值调整机制。

对赌协议产生的根源在于企业在未来盈利、营业收入等方面的不确定性，因而它的目的是尽可能实现投资交易的合理和公平。它既是投资方利益的保护伞，又对融资方产生一定的激励作用。所以，对赌协议一般赌当年或者后一年的公司利润或者营业额，也对赌上市期限等项目，它实际上是一种财务工具，是对企业估值的调整，是带有附加条件的价值评估方式。

所以对赌协议是投资协议的核心组成部分，是投资方衡量企业价值的计算方式和确保机制。

对赌有很多经典的案例，但大家记住的往往是企业方失败的案例。我们来看正反两方面各一个经典案例。

反面案例：

2000年，拥有10年餐饮经验与资金积累的"海归"张兰，在北京国贸开办了第一家俏江南餐厅，从此迎来了属于她和俏江南的一个时代。从2000年到2010年的10年间，俏江南通过不断创新的菜品和高端餐饮的定位，在中国餐饮市场上赢得了一席之地，其业务也逐步向多元化发展，衍生出包括兰会所在内的多个业态。

公开资料显示，俏江南在2000年创建之初即已实现盈利，连续8年盈利之后，到2007年，其销售额已达10亿元左右。2009年，张兰首次荣登胡润餐饮富豪榜第三名，财富估值为25亿元。

2008年9月30日，俏江南与鼎晖创投签署增资协议，鼎晖创投注资约合2亿元人民币，占有俏江南10.526%的股权。

而俏江南与鼎晖创投签署的投资条款也有所谓的"对赌协议"：如果非鼎晖方面原因，造成俏江南无法在2012年年底上市，则鼎晖有权以回购方式退出俏江南。2012年年底是当初双方约定上市的最后期限。也有说法称，俏江南如果无法在2012年年底上市，另一种结果是张兰将面临失去控制权的风险。

2011年3月，俏江南向证监会发行部提交了上市申请，但在随后的数月内，俏江南未能收到相关政府部门的书面反馈意见。

在2012年中国传统春节即将到来之时，证监会披露IPO申请终止审查名单，俏江南赫然在列。至此，俏江南的A股上市之路中止，张兰被迫转战港股。2006年，商务部、证监会、外管局等六部门曾联合发布《关于外国投资者并购境内企业的规定》（简称"10号文"），其中第11条规定："境内公司、企业或自然人以其在境内合法设立或控制的公司名义并购与其有关联关系的境内公司，应报商务部审批。当事人不得以外商投资企业境内投资或其他方式规避前述要求。"

从2013年年初开始，随着国内对政府部门高端消费的限制和反腐风潮的兴起，定位高端餐饮的俏江南经营状况陷入泥潭，多家门店由几年前的常年盈利转变为月月亏损。对于俏江南未能在港IPO，外界有推测称，当时俏江南已经身陷财务泥潭，难以自拔。

2014年4月，CVC（全球领先的私募股权和投资咨询公司之一）宣布正式入主俏江南，成为最大股东。CVC并未披露收购价格和股比，不过外界传其持有俏江南82.7%的股权，其中包括张兰出售的69%股权，作价3亿美元。

2015年7月14日，一则关于张兰被"踢出"俏江南董事会的消息再次引发广泛关注。随后俏江南发布声明，称"保华有限公司代表已于2015年6月被委任成为俏江南集团董事会成员。CVC的委派代表和张兰不再担任俏江南董事会成员，且不再处理或参与俏江南的任何事务"。

7月17日，张兰委托律师发表声明，全面否认"出局"说法。声明称，商务部反垄断局于2013年11月批准隶属于CVC的甜蜜生活集团与俏江南收购案，收购完成之后，CVC取得了俏江南82.7%的股权。而张兰已于2013年底辞去了俏江南相关公司的董事和法人等职务，因此，不存在张兰2015年7月14日退出俏江南董事会的情况。

张兰最终失去俏江南控制权，但在此期间张兰成功套现了十几亿元。

正面案例：

1999年1月，原内蒙古伊利集团总经理牛根生创立了"蒙牛乳业有限公司"（简称"蒙牛乳业"），公司注册资本100万元。2001年底摩根士丹利等机构与其接触的时候，蒙牛乳业成立尚不足3年，是一个比较典型的创业型企业。

2002年6月，摩根士丹利等机构投资者在开曼群岛注册了开曼公司。2002年9月，蒙牛乳业的发起人在英属维尔京群岛注册成立了金牛公司。同日，蒙牛乳业的投资人、业务联系人和雇员注册成立了银牛公司。金牛和银牛各以1美元的价格收购了开曼群岛公司50%的股权，其后设立了开曼公司的全资子公司——毛里求斯公司。同年10月，摩根士丹利等三家国际投资机构以认股方式向开曼公司注入约2597万美元，折合人民币约2.1亿元，取得该公司90.6%的股权和49%的投票权，所投资金经毛里求斯最终换取了大陆蒙牛乳业66.7%的股权，蒙牛乳业也变更为合资企业。

2003年，摩根士丹利等投资机构与蒙牛乳业签署了类似于国内证券市场可转债的"可换股文据"，向蒙牛乳业注资3523万美元，折合人民币2.9亿元，未来换股价格仅为0.74港元/股，约合人民币0.63元/股。"可换股文据"实际上是股票的看涨期权。不过，这种期权价值的高低最终取决于蒙牛乳业未来的业绩。如果蒙牛乳业未来业绩好，"可换股文据"的高期权价值就可以兑现；否则，将成为废纸一张。

为了使预期增值的目标能够兑现，摩根士丹利等投资者与蒙牛管理层签署了基于业绩增长的对赌协议。双方约定，从2003年至2006年，蒙牛乳业的复合年增长率不低于50%。若达不到，公司管理层将输给摩根士丹利约6000万~7000万股的上市公司股份；如果业绩增长达到目标，摩根士丹利等机构就要拿出自己的相应股份奖励给蒙牛管理层。

2004年6月，蒙牛业绩增长达到预期目标。摩根士丹利等机构"可换股文据"的期权价值得以兑现，换股时蒙牛乳业股票价格达到6港元以上；给予蒙牛乳业管理层的股份奖励也都得以兑现。摩根士丹利等机构投资者投资于蒙牛乳业的业绩对赌，让各方都成为赢家。

企业家在与投资人签署对赌协议时，要注意以下几重风险：

1. 急于获得高估值融资。

企业家急于获得高估值融资，又对自己的企业发展充满信心，而忽略了详细衡量和投资人要求的差距，以及内部或者外部经济大环境的不可控变数带来的负面影响。

2. 不切实际的业绩目标。

企业家和投资人切勿混淆了"战略层面"和"执行层面"的概念。"对赌机制"中如果隐含了不切实的业绩目标，这种强势意志的投资者资本注入后，将会放大企业本身不成熟的商业模式和错误的发展战略等问题，从而把企业推向困境。

3. 忽略控制权的独立性。

企业家常会忽略控制权的独立性。对赌协议建立在双方的平等和尊重基础之上，但也不排除有投资方在融资企业资金紧张的情况下，向目标公司安排高管，插手公司的管理，甚至调整其业绩。怎样保持企业决策的独立性还需要企业家有戒备心。

一个投资人往往一年要投资十几甚至几十个项目，而团队只有二三十人，所以没有投资人（除了并购基金）希望企业方对赌失败而成为企业的实际运作者，在企业方对赌失败的时候，投资人只能被动成为控股股东，然后寻找合适的创业团队或职业经理人接盘。

所以所谓的对赌协议，并非是投资人和企业家你输我赢的博弈，双方是一荣俱荣、一损俱损的关系，当企业家在对赌中失败的时候，投资人也就失败了。

第十二章 > 共享单车的赢利模式和未来前景

中国是一个自行车大国，自行车是国人的主要交通工具，蓝色的中山装、庞大的自行车流曾是中国给世界留下的鲜明印象。随着经济的发展，私家车的普及、地铁等公共交通的发展，自行车流早已经消失在人们的视野。但最近在大中城市，五颜六色的自行车又成为城市里一道靓丽的风景线。

以摩拜、ofo 等为代表的共享单车，成功解决了城市短距离出行的难题。在日渐拥挤的大中城市，交通高峰期的"最后一公里"问题一直都是巨大的市场痛点，公交、地铁、出租、私车都无法彻底解决。而过往一些城市（比如上海）尝试的"公共自行车"，由于各区政府各自为政，投入主体不清，自行车投放不足，还车困难等一系列问题，最后几乎都无疾而终。

摩拜单车，由公司投放车辆，人们打开手机 App 就能查看附近的车辆，看到有合适的还可以提前预约。不用停车桩，不用办卡，二维码扫一扫就能开锁，不用的时候停在任意合法非机动车停车点即可，半小时收费 1 元，共享单车的用车成本低到可以忽略不计，且简单、方便、易用，几乎完美地解决了城市"最后一公里"的困扰，市场潜力巨大。截至 2016 年 12 月，我国"网络预约专车"用户规模为 1.68 亿元，比 2016 年上半年增加 4616 万元，增长率为 37.9%。共享单车的潜在用户规模，无论如何不会少于这个数字。

但共享单车并非公益事业，凭分时租赁的收费，其实收益是不大的，假设有 1 亿用户，每天用 1 小时，也就 1 亿元的收入，为此却需要面对超过 1 千万辆自行车的投放与硬件损耗，还要再加上其他管理费用。由于短途使用的特征，以及对标公交和传统"公共自行车"的定位，共享单车定价上浮空间有限，所以，压根不能指望通过每小时 1 元的租赁费来覆盖成本，如此一来，何谈盈利？

任何商业模式都需要能够盈利，共享单车的盈利模式，主要是通过分时租赁来部分变现，通过收取押金来回收资金，获取现金流并用之进行扩张。此外，还有广告投放、大数据变现等其他的收入来源。

考虑到绝大多数用户不会每次用车后都把押金拿出来，下次还要使用的实际情况，假设每个用户向共享单车支付押金 200 元，每次结束用车都会有 6～10 个人把押金留在 App 里（据国资委一位学者型官员提供的数据，摩拜单车平均每 1 辆车有 41 人注册），那么就有 1200～2000 元停留在这辆车上，而这辆车的购入单价不会超过 200 元，经富士康等公司工厂规模化大生产后，可能只需要 100 元。于是，每一辆共享单车至少有 1000 元的资金沉淀。如果投放 1000 万辆车，那么就是 100 亿元的存款。这不就是一家小银行吗？100 亿元的现金，可以派生出 500 亿元的借款，500 亿元投资到市场上，按照年收益率 6%（这是个很保守的数据），就有了 30 亿元的稳妥收入，除去运营成本等支出，达到 10 亿～20 亿元纯利润，应该没有问题。

更重要的是，在使用共享单车前，你都必须把你的电话号码、真实姓名、身份证号（实名认证）等资料提供给共享单车公司，假设它有1000万使用者，那么它就有1000万个有效的大数据。在大数据行业，一个数据的市场估值就可能值10美元，那么这个公司大数据的价值就至少是上亿美元，同时还有App广告等其他收入，所以摩拜、ofo这两家共享单车领头羊的估值都已上百亿元人民币。

2017年2月20日，摩拜单车宣布获得亿元及以上D轮后新融资；3月1日，ofo宣布完成4.5亿美元D轮融资，创迄今为止共享单车领域最大融资记录。腾讯、滴滴都已经入局共享单车，分别投资了摩拜和ofo。

虽然摩拜、ofo领先一步，但好景不长，搅局者来了。向来在投资界长袖善舞的阿里系岂能甘于寂寞。阿里凭借其强大的资金实力和业界影响力，已经颠覆了很多传统商业模式：淘宝和天猫颠覆了传统零售业，支付宝和浙江网商银行颠覆了银行业，淘宝的理财资金颠覆了基金业，不一而足。这一次，阿里系介入共享单车使出的杀手锏是"无押金"。

永安行、小蓝、Hellobike、funbike、优拜等几家共享单车宣布与蚂蚁金服合作，从2017年4月6日开始，用户直接通过支付宝首页的"扫一扫"，就可以解锁这六个品牌的共享单车。共享单车与支付宝芝麻信用达成合作，用户在绑定身份信息后，只要芝麻信用分超过700，就可以无押金租车。无押金，也成了阿里与摩拜、ofo等单车竞争的最大利器。

与共享单车合作，有助于蚂蚁金服采集足够多的用户行为数据、获取更多用户，并最终打通自己的征信、授信、个人贷款等板块，这是蚂蚁金服的盈利模式。之前分析的共享单车的主要盈利来源是押金的理财收入，那么无押金的共享单车盈利模式是什么呢？摩拜、ofo 等众多共享单车公司遇到了投资风口，都融资了巨额资金，短期生存肯定没有问题，但从长期来看，公司需要持续地盈利，仅靠大数据、流量和租金收入，是否足以支撑一家公司的生存与发展？如果没有了押金，本质上主要依靠押金理财收入的众多共享单车公司会走向何方？

共享单车的发展本身也存在不少问题，据不完全统计，共享单车的总体融资金额已经超过 100 亿美元，摩拜和 ofo 两家占据大部分份额，其他小公司资金实力不够，无法与之竞争，只能退出市场，如悟空单车、3Vbike 等。这使得共享单车开始步入清场期。共享单车市场并不总是那么美，损耗率高达 30%，甚至 50%，胡乱停放，影响市容市貌，使得很多城市不少地方已经禁止共享单车的停放。共享单车的未来路在何方，值得我们思考。

第十三章 > 两强相争，合并才是归途

我们之前分析过，并购是退出的一种重要方式，通常的并购，是一家上市公司或者行业领头羊收购一家相对体量小得多的公司。但资本市场上还有一种并购，就是一个行业内存在两家规模、技术等都差距不大，而且几乎垄断了整个市场的公司，为了更好地发展，两家公司选择了合并成一家公司去上市，这是将传统经济学厂商理论中的市场结构从寡头垄断转化为完全垄断。

最典型的案例莫过于分众传媒并购聚众传媒。

创建于 2003 年的分众传媒是中国最大的户外视频广告运营商，创始人是具有丰富广告经验的华东师范大学"校园诗人"江南春，其商业楼宇联播网已经覆盖全国 52 个城市，近 23000 个液晶屏，日覆盖数千万中高收入人群。据 CTR（央视市场研究股份有限公司）调研报告显示，分众传媒占据户外视频广告市场 70% 以上的份额。以商业模式的独创性，媒体传播的分众性、生动性赢得了业界的高度认同。

聚众传媒是一家综合性媒体集团，同样创立于 2003 年，创始人虞峰有复旦大学哲学教育背景，同样具有丰富的广告经验。聚众

传媒的宗旨是在全国范围内营建媒体网络，拥有覆盖全国的楼宇视频媒体，现覆盖全国 45 个城市、25000 栋楼宇，日覆盖人群超过近 3000 万人次。

聚众传媒是分众传媒在平板电视广告市场的主要竞争对手，作为中国楼宇广告的两强，分众与聚众商业模式完全相同，两者几乎瓜分了整个市场。据 2005 年 10 月 AC 尼尔森的调查数据显示，在国内 12 个主要城市的楼宇电视广告总体市场上，分众和聚众的占有率分别为 49.8% 和 46.7%，两者的市场占有率相距甚小。所以当分众传媒 2005 年以每股 17 美元的发行价成功在美国纳斯达克完成 IPO 时，面对江南春与分众的炫目光芒，聚众明确表示也要登陆纳市。但分众和聚众模式雷同，市场占有率差距甚小，如果聚众也上市，必将引起价格战，造成两败俱伤；在上市倒计时的当口，一些高级管理人员又提出了辞职。面对这一复杂状况，学哲学出身的虞峰在投资人的建议下，经过慎重思考，选择与已经上市的分众合并。2006 年一季度，分众以 9400 万美元现金及价值 2.31 亿美元的新发行股票合并聚众，而虞峰在拿到巨额现金后与阿里巴巴的马云成立了云峰基金，从事私募股权投资业务。

在强强对峙的形势下，想要获胜只有两种可能：对手失误我方保持不犯错，或者是双方正面交战打败对手。分众和聚众在经过不断并购、抢人才、抢楼宇等方面的交手后，均遭受了不同程度的损失，市场环境也受到严重的影响。为了结束这种恶性竞争，双方都想寻觅一种对企业及市场都有益的发展路径，合并对双方来说，都是最佳选择。

在近期的中国市场，类似的案例还有不少，比如叫车软件快的和滴滴的合并。2013 年—2015 年之间，滴滴和快的进入了白热化竞争状态，双方在地推、补贴等方面进行了针锋相对的斗争。两家公司都宣称有近1.5亿用户，合计拥有出租车约3000万辆。这些用户形成的不仅是对于用车的需求，还是一个O2O、移动支付平台的入口，这个入口几乎可以涵盖用户衣食住行等各方面，是一个潜力巨大的市场。但是如果两家公司持续使用补贴的方式来抢用户，就只能将更多的钱投放到补贴里，无暇开展更多的业务。如果两家公司结束恶性竞争，进行合并，就能在保证用户量的情况下，开展更多潜在的业务。毕竟，跟未来发展的潜力所能带来的上市或者再融资的机会比起来，现有的股东在合并中损失的一些短期利益尚能容忍。

　　从利益角度看，滴滴、快的合并不止减少了烧钱，双方通过合并还可实现更大的野望：做超级平台，向着BAT（百度、阿里巴巴、腾讯三家公司的简称）这样的巨头地位而去。在恶性竞争时期，双方就都有做平台的想法，但因互相掣肘，谁也无法专心，只能深陷于打车补贴这样的低水平竞争；合并节省了巨大的机会成本，使新公司可加速开展新业务。说白了，就是可以去"画更大的饼"。在合并前不久，滴滴、快的刚刚分别获得7亿美元和6亿美元的融资，外界甚至预言双方会大干一场，岂料一切到此戛然而止。

　　新公司管理层以滴滴打车团队为主，将实施Co-CEO制度（指两个或多个人共同负责CEO这个角色的制度，也称为联席CEO模式），滴滴打车CEO程维及快的打车CEO吕传伟同时担任联合CEO。两家公司在人员架构上保持不变，业务继续平行发展，并将保留各自的品牌和业务独立性。合并之后的合资公司中，二者的股权分配比例实际为52%对48%，差距只是4个百分点。

　　视频行业的土豆和优酷合并也是典型案例之一。

　　随着中国对于知识产权越来越重视，视频网站主要靠多买版权来吸引用户。但是因为没有自产内容，各个视频网站很难提供差异化的用户体验。土豆和优酷是国内视频网站市场占有率前三的公司，由于版权费水涨船高，而通过贴片广告赚取收入的盈利模式比较单一，导致两家公司的成本不断上升。2011年，为了争夺用户，土豆和优酷公司相互指责对方的盗版行为，土豆向优酷提出1.5亿元人民币的侵权赔偿，还称要向有关部门申诉及举报，对优酷进行列入黑名单乃至取消经营资格等处理。此类恶性竞争未持续太久，3个月后，优酷和土豆宣布合并。合并后，视频网站的内容丰富度得到了提升，因为用户数量的增加，在版权购买中的话语权也增大。

　　垄断对于合并的企业是好事，对于市场来说却未必。垄断行业中的创业企业，往往受到垄断企业的压制，最典型的就是互联网行业，创业企业稍微有点规模，就有可能被BAT收购，然后并入BAT现有的部门甚至被束之高阁。因此很多国家都设有《反垄断法》，依照这部法律，现代垄断大型企业，大到一定程度又都免不了被肢解的命运。

第三辑

投资热点：未来会有哪些火爆的投资项目

第十四章 > 选择有巨大成长机会投资项目的依据

2017年2月23日普华永道发布的《中国私募股权及风险投资基金2016年回顾与2017年展望》报告显示，2016年PE/VC（私募股权投资/风险投资）整体市场依然延续了2015年以来的火热，无论是资金募集数量和募集规模，还是投资数量和投资规模都比去年有了较大提升，并创下历史新高。2016年中国市场募资金额大幅攀升至725.1亿美元，相比2015年增长49%。由此可见，尽管整体经济不太景气，但中国股权投资市场仍呈现出快速增长的发展态势。私募股权投资与智能制造、医疗健康、TMT[1]等新兴产业紧密结合，把握中国经济转型机会，分享行业增长红利，这在目前的"资产荒"时期显得尤为重要。

对于投资者而言，随着个人财富积累不断增加，股权投资也日益成为资产配置的重要方向。在中国扩大资本市场规模，提高证券化率的大趋势下，主板、中小板、创业板、场外交易市场、各类型的产权交易所都将为各行业中优秀的大、中、小型企业提供大量的

---

[1] TMT，即科技（Technology）、媒体（Media）和电信（Telecom）三个领域相融合趋势的大背景下兴起的行业。

融资契机，从而也为中国本土 PE 行业提供了巨大的成长机会。

如何选取合适的私募股权投资项目，成为投资者关注的核心问题。PE 投资的成功，首先依赖于优秀的投资项目。能从众多的投资项目中，挑选出优秀的项目，对 PE 团队的投资能力和判断能力有较高的要求。那么，如何才能挑选出优秀的投资项目呢？我试着从行业前景、团队、商业模式、产品技术、财务状况等几个维度，总结整理了私募股权投资的项目评价标准，和大家进行分享。

一、行业快速成长，市场空间广阔

能否选到一个持续快速成长的行业，对投资机构来说是至关重要的，直接关系到项目能否顺利退出，实现预期投资目标。在当前新经济形势下，很多传统行业增速放缓，智能制造、生物医药、节能环保等技术驱动型行业快速发展，共享经济等新商业模式也发展迅猛，成为新一轮的投资热点。

一般来说，投资机构是否投资一个项目，从行业角度来看，主要有以下几个衡量标准：

（一）是否符合国家的产业政策

国家发改委发布的《产业结构调整指导目录》，将行业分为"鼓励类""限制类"和"淘汰类"，投资项目所属行业应该属于国家鼓励类行业。有些地方也会有些产业政策，要将拟投项目基于一定的政策环境下综合考虑，如某些行业受政策法规限制比较严格，会导致行业某些业务无法开展，将会对行业的持续发展产生重大不利影响。因此选择项目时，要选择符合国家和地方产业发展战略、政府鼓励支持、政策环境制约少的行业。

(二)市场容量大小

一个行业如果要出一家上市公司,所投资的行业市场容量至少应在100亿元以上。如果一个行业,全国大概只有10亿元、20亿元的行业市场容量,哪怕做到行业市场份额的40%(40%市场份额可以称为"垄断"),也只有10亿元左右的销售额,难以支撑起一家上市公司。市场容量是企业成长潜力的理论最大值,所以产品所服务的市场规模要足够大。

(三)市场增长率高低

拟投行业市场增长速度需较一般行业要快,增长规模明显,这在传统行业中很难做到,只能在智能制造、环保节能、生物医药等有技术壁垒的新兴行业才能实现超常规增长。

(四)竞争格局

大的竞争格局,不仅仅要看到自己的直接竞争对手,也要看到潜在竞争对手在哪里,在当前BAT垄断互联网行业的态势下,一般不要选择和BAT业务重合度高的项目。

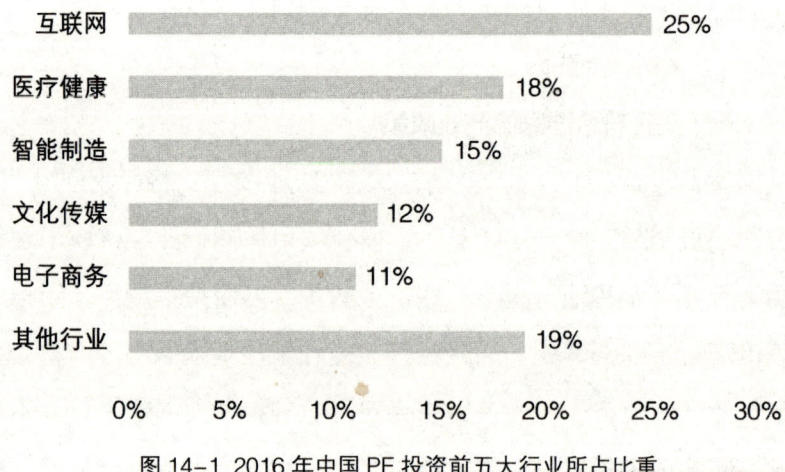

图 14-1 2016 年中国 PE 投资前五大行业所占比重

来源:清科研究中心

根据图 14-1 分析，以上 PE 机构热衷投资的行业基本都具有市场空间大、发展迅速、符合国家产业发展战略、国家鼓励支持等特点。

二、商业模式独特新颖，具备良好的扩展性

商业模式是投资人在判断项目可行性时非常关注的一个评价指标，好的商业模式是企业的核心竞争优势之一，能让竞争对手难以模仿，建立起企业的壁垒。所谓商业模式就是企业围绕客户价值而开展的各项价值活动的总称，它关注的是如何通过有效的战略组合进行价值创新和系统运营，从而构建企业的核心竞争力和建立竞争优势。

成功的商业模式一般具有以下三个特征：

第一，商业模式独特新颖：一个成功的商业模式不一定是在技术上的突破，而有可能是在某一个环节的改进，或是对原有业务模式的重组创新，甚至是对整个游戏规则的变革。商业模式的创新形式贯穿于企业经营的整个过程，也就是说在企业经营的每一个环节上的创新都可能变成一种成功的商业模式。

第二，具有盈利性：企业要在充分的市场竞争中，凭借其独特新颖的商业模式，成功获得利润，并在利润区停留较长时间，创造出长期持续的、高于行业平均水平的利润。

第三，具有持续发展能力：好的商业模式不是靠抓住偶然的机会，"一不小心"就成功的。把一朝成功的偶然当成必然，将错误进行到底，是经不起时间考验的。即使想"一招鲜、吃遍天"，也要能找到得到这种机会的核心逻辑，从而完善商业模式，增强企业持续发展能力。

三、产品能够有效解决用户痛点，技术领先

企业的较高成长性体现在三个方面：首先，企业要有一种独特的难以模仿的商业模式；其次，企业应当具备先进的技术优势，适应当前激烈的竞争形势，企业在技术上的领先是其发展的先决保证，在企业获得核心技术的基础上，通过技术的投入来促进产品的更新迭代，以适应市场需求，是企业追求的核心目标；最后，企业要有优质的产品。一般来说，优质产品应当具备以下特征：

第一，产品能够有效解决用户痛点，满足市场的现有需求。

第二，产品具有独特性和扩展性，能满足用户的某些个性化需求，这样可以在市场中获得领先地位。

第三，产品要具有良好的可靠性和可维护性，在用户使用过程中可以提高用户的满意度水平。

第四，产品所服务的市场规模足够大，占据整个行业或者细分领域的领军或者垄断地位，能为企业的高成长性奠定基础。

第五，产品应当是不易被模仿和替代的，如果面临替代性技术和业务模式的紧迫压力，就有可能被市场的更新换代所淘汰。

技术水平是反映一个企业竞争实力的重要组成要素，企业用核心技术来打造核心竞争力，就能提高潜在竞争者进入行业的门槛和壁垒。

四、团队优势互补，执行力强

人是最重要的因素。投资首先是投人，尤其要看准投团队的领头人。任何一个投资项目，都是在一定的管理团队领导下达成投资目标的。因此，投资项目的高层管理团队所具有的管理水平、面临

困难的积极态度、充满爱心的社会道德责任，以及求实的工作作风等，应成为选择优秀的投资项目的重中之重。投资界流行的口头禅"宁愿投资于一流的人、二流的技术和产品，也不愿投资于一流的技术、产品和二流的人"，就是强调一流的管理团队在投资项目中的作用。对企业的领头人也即企业家的评估中，要求其必须具备以下素质。

1. 战略思想和眼光：企业家的战略思想一般体现在企业文化和经营理念中，所以，选择具有长远发展战略眼光的企业家，对保障投资的未来预期收益将起到非常重要的作用。

2. 整合资源能力：包括经营管理能力、市场营销推广能力、公共关系能力、风险防范和化解能力等。

3. 个人品质：一个具有良好个人品质的企业家应该是机智敏锐、信念坚定、精力充沛、乐观豁达而又务实的；此外，对初创企业的创始团队来说，一般还需要具有以下特点：

（1）专业敬业。

（2）富有激情。

（3）沟通能力强。

（4）执行力强。

（5）快速学习能力强。

（6）抗压能力强。

（7）优势互补，结构合理。

五、财务状况良好或者符合逻辑的未来收益

私募股权投资对目标企业进行财务状况分析时，应当考虑以下几个因素：

第一，企业最近三年资产负债与股权变动情况。

第二，企业本次融资资金使用的详细计划。

第三，盈利预测与估值分析。

第四，股权投资退出的可能方式、时间表与对应的收益情况等。

财务分析的关键点是，一方面要判断目标企业过去是否具有稳定增长的业绩，未来是否依然可以保持稳定增长；另一方面要关注企业是否存在财务风险及业务风险。

早期的VC投资，一般不看财务指标而主要看之前的资金使用情况、创业者承诺的自身投资到位情况等。

六、退出渠道明确

一般而言，私募股权投资的退出方式有三种，即IPO、股权出售（包括回购、并购等）及企业清算。

（一）IPO退出

IPO是私募股权投资最佳的退出方式，它可以给私募股权投资者和标的企业带来较好的经济利益和社会效益。

1.IPO退出优势。

（1）能让投资者获得较高的收益回报。对PE来说，通过IPO退出能使其获得较其他方式更为可观的收益，一般可达投资金额的几倍甚至几十倍。尤其是在股票市场整体估值水平较高的情况下，目标企业公开上市的股票价格相应较高，基金公司通过在二级市场上转让所持股份，可以获得超过预期水平的高收益。

（2）是实现投资者、企业管理层、企业自身三方利益最大化的理想途径。在投资者获得丰厚回报的同时，企业家和企业管理者所持股份也会因股市较高的市盈率而获得大幅增值。若在二级市场套现可获得巨大的经济利益，被投资企业也由私人企业变为公众企业，除提升了企业的知名度以外，更增强了企业资金的流动性，IPO 所募集的资金有力地保障了企业规模经济和战略发展的需要，满足了企业进一步发展和扩张的需求。

（3）有利于提高 PE 的知名度。投资企业 IPO 的成功，也是对私募股权基金资本运作能力和经营管理水平的肯定，不仅提高了目标企业的知名度，同时也提高了私募股权基金的知名度。

2.IPO 退出劣势。

（1）上市门槛高。各国股票主板市场的上市标准都比较高，因为涉及社会公众投资者的利益，所以对其监管十分严格。拟上市企业需要满足诸如主体资格、经营年限、公司治理等方面的高规范、高要求，使得大批企业望而却步。

（2）IPO 的程序较为烦琐。在企业向证监会申报材料之前，证券公司、会计师事务所、律师等中介机构需要进行大量的准备工作。在国内进行的 IPO 进度往往因为股票二级市场的低迷而放缓，2012 年 8 月到 2014 年 4 月期间甚至停止新股发行近两年。目前在证监会排队申报的存量企业还有 600 多家，而按照往年进度，一年内上市企业只有 300 多家，且上市之后还存在禁售期，因此企业将面临收益无法变现或推迟变现的风险。

（二）并购退出

并购退出是指受私募股权基金投资的标的企业选择以收购或兼并的方式将自己出售给收购方的一种退出方式。并购退出的核心在于被投资企业的全部股权或控股权出让给收购方，从而实现标的企业原有股东全部或大部分退出。

通过这种方式退出的收益也是较为可观的，而且一般可以一次性回收全部现金，所以这种退出方式在现实中得到了广泛的应用。

为实现这种方式退出，私募机构同时可以依托自身的关系网络，主动寻求收购方来实现并购退出。

宏观环境导致通过 IPO 渠道退出受阻时，通过并购方式退出便成为一种优质的选择。清科研究中心的统计报告显示，在 2016 年，中国私募股权市场的退出案例共计 1554 起，其中通过并购方式退出的共有 297 起，约占 20%。

1. 并购退出优势。

（1）变现能力较强，可一次性将全部投资变现，完全退出而无剩余风险。

（2）费用相对低廉，与 IPO 的长时间上市流程及巨额的上市费用相比，并购只需要面对有限买方的谈判，交易过程费用也十分低廉。

（3）并购对企业的类型、规模等没有特别要求，运用起来比较灵活。

2. 并购退出劣势。

（1）不容易找到买方，并购价格也不尽合理。

（2）并购行为往往涉及到多方利益，甚至可能触及到相关法规政策，例如很多国家的反垄断法会限制一些行业的并购，因此需谨慎行事。

（三）新三板退出

"新三板"是对"全国中小企业股份转让系统"的通俗称法。自 2006 年开办之初，新三板就坚持为高科技高成长企业提供投融资平台，目前已经成为我国架构多层次资本市场不可或缺的组成部分。新三板市场试点首先锁定北京中关村科技园区，至 2012 年 8 月，首批扩大试点新增上海张江高新技术产业开发区、武汉东湖新技术产业开发区、天津滨海高新区。2014年1月起,"新三板"正式扩容至全国范围,由于其挂牌所需周期较短、不设财务门槛、审批快的优点,引发了一波赴"新三板"挂牌的热潮。截至2017年5月7日,共有11123家企业在"新三板"挂牌,这其中就包括一些投资机构投资的企业。由于IPO等其他退出方式的不顺畅,这些机构便通过所投资企业在"新三板"挂牌来实现退出。"新三板"退出成为私募股权基金投资退出的一种新方式。

1. 新三板退出优势。

(1)审批条件宽松,能够实现快速退出。PE投资新三板企业可以通过一次或多次转让,实现投资资本的快速退出,适合初创企业发展缓慢,PE资本又急于退出等情形。

(2)新三板挂牌企业规范化程度比较高,已经成为IPO上市公司的并购标的池,被上市公司并购后可获得较高的收益。

2. 新三板退出劣势。

(1)收益率较低。目前,"新三板"还处于起步阶段,在投资者准入、交易规则等方面有诸多限制,因此交易不活跃,流动性较差,PE在二级市场上只能以较低价格出售所持有的股份。因此,投资收益率一般较低。

(2)市盈率较低。新三板平均市盈率比中小板、创业板平均市盈率要低一半以上,PE在二级市场上只能以较低价格出售所持有的股份。因此,投资收益率一般较低。

(四)管理层或大股东回购

股权回购是指在投资期届满时,若被投资企业未能达到某约定条件,如未能IPO或未能达到某盈利指标时,私募股权基金有权要求被投资企业控股股东或管理层回购私募股权基金所持有的股权,同时要求股东或管理层支付一定的补偿金，以便其退出被投资企业，预防投资目的的进一步落空。

据清科研究中心发布的《2016年中国股权投资市场回顾与展望》显示，2016年中国PE/VC机构通过管理层或大股东回购方式实现退出案例97起，约占总退出案例的6%。这一方式也是投资机构经常运用的退出渠道之一。

股权回购又分为控股股东回购和管理层回购。控股股东回购是指被投资企业的控股股东在回购条件满足时，自筹资金回购私募股权基金所持有的股权，是股权回购中比较常见的形式；管理层回购是指被投资企业的管理层在回购条件满足时，自筹资金回购私募股权基金的股权。

1. 管理层或大股东回购优势。

（1）交易简便。管理层回购使得企业和私募股权投资基金双方都能有效降低资金成本和节省时间，交易过程中不需要很复杂的手续，基金退出时也会比较彻底。

（2）能够保持企业管理层的积极性。

（3）资本安全得到保障。私募股权投资协议中回购条款的设置其实是PE为自己变现股权留有的一个带有强制性的退出渠道，以保证当目标企业发展达不到预期时，为确保PE已投入资本的安全性而设置的退出方式。

2. 管理层或大股东回购劣势。

（1）所得的资本收益远低于IPO和并购退出等方式。

（2）回购所需资金量大，对被投资企业有较高的资金要求。

（3）现行法律对企业回购自身股份存在较多限制。

因为几种退出渠道各自的特殊性和适用范围，我们不能绝对地去评判某种退出渠道的适合与不适合。作为私募股权投资基金公司，在决定退出投资时，应根据被投资企业的自身特点和当时的外部环境，灵活地选择退出方式。

事实上，私募股权投资退出机制既是确保私募股权投资资本实现"投资、增值、退出、再投资"良性循环的必要保障，也是确保有限的投资资本支持更多新创业企业的重要条件。明确的私募股权投资退出渠道关系到私募股权投资整个投资过程的循环再生，是私募股权投资能够持续、健康发展的根本动力。只有资本有效地从投资项目中退出，投资资本才能进入下一轮投资之中，循环往复地推动私募投资发展前进，带动整个行业蓬勃发展，推动整个经济的可持续健康发展。

七、部分被证监会否决的拟上市企业案例

IPO是私募股权投资最佳的退出方式，但自2017年以来，新股首发审核速度虽有所加快，但过会企业在发审环节的否决率也逐步上升，发审趋严态势已经确立。作者收集整理了近年来一些被证监会发审委否决的典型的拟上市企业案例，为广大投资机构选择项目时提供一些参考（见表14-1）。

表14-1 部分被证监会否决的拟上市企业列表

序号	公司名称	投资机构	拟上市板块	否决原因
1	杭州华光焊接新材料股份有限公司	浙创投、浙江贝富投资、浙江斗岩投资等	上交所主板	经营业绩大幅下滑；持续盈利能力存在较大不确定性
2	上海锦和商业经营管理股份有限公司	平安创新资本、华映资本、原昌投资等	上交所主板	土地性质存在较大法律瑕疵；持续经营能力存疑

续表

序号	公司名称	投资机构	拟上市板块	否决原因
3	广东日丰电缆股份有限公司	中科白云、中山鸿业等	深交所中小板	赢利能力连续性和稳定性方面存在重大不确定性
4	深圳清溢光电股份有限公司	华海晟、熠昌投资、熠瑞投资等	深交所中小板	业绩大幅下滑；持续经营能力存疑
5	江阴润玛电子材料股份有限公司	国泰君安创投等	深交所创业板	未来盈利能力存在重大疑问的传统化工企业；业绩规模较小，市场地位不突出；持续经营能力较差
6	福建诺奇股份有限公司	硅谷天堂	深交所创业板	市场前景不好，募投项目持续盈利性存疑；商业模式发生变化，持续经营能力存疑

八、综述

综合以上分析，再结合目前PE/VC机构判断项目的实际，可将机构对拟投资项目的评判标准总结如下（见图14-2）：

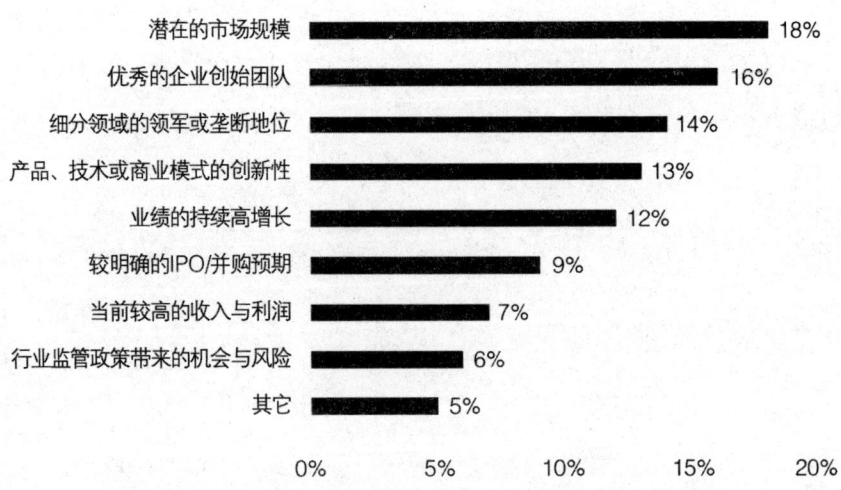

图14-2 当前PE/VC机构对拟投资项目的评判标准

在经济转型的大背景下,我们已经悄然进入一个盛况空前的股权投资时代。随着"大众创业、万众创新"国家战略的推进,股权投资市场迎来全新的发展机遇。股权投资,就是投资企业的未来。希望投资者都能秉持自己的投资逻辑与原则,关注行业变迁,关注企业发展,站在未来十年的高度看现在,寻找十年后的优质企业进行股权投资,相信这将是面向未来的最佳布局。

总之,摆脱大众化的思维,占据大量的信息、数据和资源,通过专门的投研部门进行必要的客观分析,多方论证,才能挑选出好的项目。

第十五章 > 医疗行业——永远的朝阳产业

医疗行业是一个抗周期的行业,总体上受经济周期波动的影响不大,而且随着经济的发展,人们对自己的健康会越来越重视。这是个万亿级的巨大产业,在经济形势比较差时,医疗行业甚至会凸显出某些优势。

医疗行业总体来说分为三大类。第一是医药,第二是医疗器械,第三是医疗服务。医药可分为中药、化(学)药、原料药、生物药等;医疗器械总体上分为高值耗材、低值耗材、设备和诊断试剂等,有上万种;医疗服务涵盖的领域较广,细分行业包括医院的运营和管理、专科医生创业集团、互联网医疗、医药电子商务、医药供应链管理等。

一、中国医疗行业的主要特点

由于医疗行业与人们生活密切相关,又市场巨大,而且总体上是技术密集型和资本密集型行业,因此一直受到各类资本的青睐。中国医疗行业主要呈现出以下特点:

(一)市场增长迅速,潜力巨大

中国医疗市场规模巨大,在人口老龄化、城镇化、财富增长及基本医疗保障制度等因素的驱动下,近几年迅速扩容。2012年至2016年,中国的医疗支出总额由19986亿元增至32872亿元,复合年增长率为13.1%。到2021年,中国的医疗支出预计将增至53496亿元,预计2016年至2021年的复合年增长率为7.8%。2016年,中国医疗机构的收益为32872亿元,2016年至2021年预期将以10.2%的复合年增长率增长(见图15-1)。

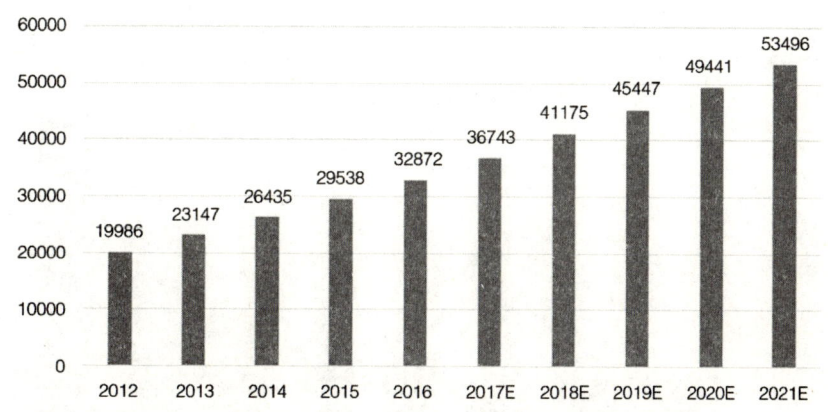

图15-1 2012—2021年中国医疗服务市场规模情况(亿元)

数据来源:国家卫计委
中商产业研究院整理

从需求方来看,人口的老龄化、城镇水平的提高、生活方式的改变、财富的增长及全民医保制度的推进都正在驱动医疗服务市场的扩大,特别是现阶段我国老龄化的速度有所加快。据统计,2015年我国60岁及以上人口达到2.22亿,占总人口的16.15%。预计到2020年,老年人口将达到2.48亿,老龄化水平达到17.17%,其中80岁以上老年人口将达到3067万;2025年,60岁以上人口将达到

3亿，成为超老年型国家。老年人发病率高，疾病医治疗程长且常伴有并发症，同时，老年人也多患有慢性疾病，需要长期护理和用药，因此是医疗服务的高消费群。人口的老龄化势必伴随着更高的对于医疗服务的需求。

由图15-2可以看到，不同年龄层次的人群年均医疗费用差距较大。从45岁以后开始，医疗费用急剧增加，65岁以上老人的年均医疗花费达到1072.3元，是25~44岁人口的3倍左右。我国正逐渐走入老龄化社会，预计到2035年，65岁以上老年人口将达到4亿人，老龄化社会的发展将为医疗服务带来巨大的市场增量。

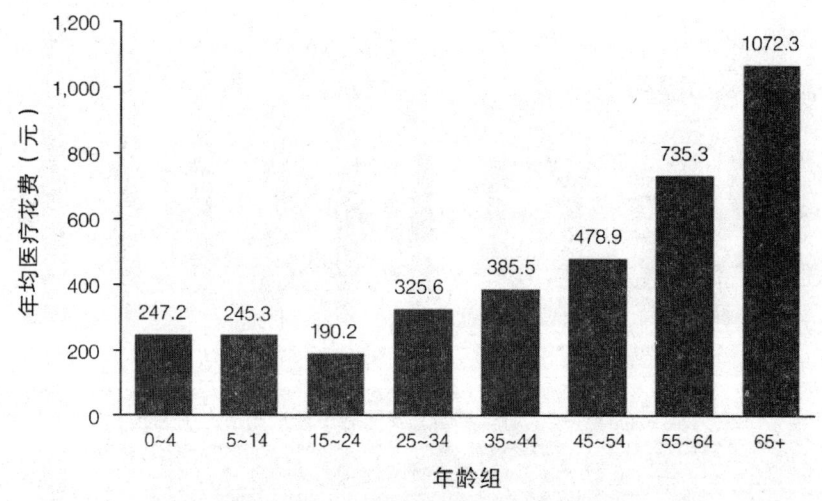

图15-2 不同年龄组的年均医疗费用

数据来源：李玲教授，北京大学国家发展研究所，第八届中国健康产业高峰论坛

另外，随着人均收入的增加和人们健康意识的提高，人们更加重视疾病的预防，这使得我国医疗机构诊疗人数持续增长，进而使得医疗行业的刚性需求不断增长。2017年1—6月，全国医疗卫生机构总诊疗达39.2亿人次，而5年前的2012年1—6月，全国医疗卫生机构总诊疗仅32.1亿人次。

同时，我国政府在医疗领域的投入持续增加，2016年全国财政医疗卫生支出（含计划生育）13154亿元，是2008年医改启动前3182亿元的4.1倍，比2015年增长10%，医疗卫生支出占财政的比重提高到7%。此外，卫生部发布的《"健康中国2020"战略研究报告》显示，在2020年之前将推出涉及金额4000亿元的七大医疗体系重大专项。

随着中国先进创新科技的发展，生物医药与医疗器械的技术不断提高，成本优势逐渐显现，出口不断增长。随着政策扶持力度的加大，国产化是行业发展趋势。

通过以上简单分析可知，未来国内医疗行业整体将会高速增长，预计会保持10%～15%的复合增长率。

（二）医疗行业国际合作与国际投资迅速增长

在国内医疗市场快速增长的背景之下，"境内医疗资源＋境外先进医疗技术"成了国内投资公司的重要投资策略。近年来中国企业近乎是争先恐后地在迈向国际化医疗市场，一次次刷新交易记录，一件件收入专利医疗技术。数据显示，2016年所有医疗并购案例涉及的总金额超过58亿美元，单起并购交易金额也屡创新高。

2016年初至2017年3月，中国的海外医疗健康投资并购最集中的地区是美国，共26次，英国以8次的数目位列第二，其后有以色列、日本、德国等。从公开交易信息可知，中国企业在美国的医疗健康总投资并购金额最大，达到了24.92亿美元；印度排名第二，达14亿美元。

中国主营医疗的投资方企业中，生物医药企业最多，占了总数的一半以上。在激烈的医疗市场竞争中，不少医疗企业在向海外寻求新的投资方向，以拓展业务增长领域。医药企业标的基因、医疗设备、保健品、医护机构项目，医疗器械企业标的基因、医护机构项目，科技医疗企业标的基因项目等多元化投资案例频频出现。此外，有医疗业务的综合性企业占到了三家；值得一提的是，几家来自环保、农业等非医疗领域的企业也看到了自身与医疗健康业务联结的可能性。

中国企业在海外投资、并购医疗项目，其首要目的是把技术、品牌、理念引进来，并按照中国市场的具体情况进行本土化。另外，除了中国医疗市场之外，不少企业希望在国际市场上占有一席之地。创造了医疗行业金额最大海外交易的复星医药曾表达对全球化的思考：第一，观察医疗行业的市场发展，视角一定要切换到全球化；第二，资源配置也要从全球的角度去考虑，才能不断提升企业竞争力，从而达到全球水平。

1. 美国医疗创新产业发展与机会。

美国在技术、研发和创新等方面处于全球领先地位，外国投资者在美国更容易获取较高回报。美国市场对外国生产、创意、创新持开放态度。在《商业周刊》评选的全球最大100家信息科技公司中，有45家是美国公司。世界经济论坛全球竞争力指数显示，美国在创新、市场效率、高等教育、综合经商方面均名列第一。

外国企业来美国进行研发，将其创新成果商业化，美国将为其提供强大的知识产权保护和严格的执法制度。2011年，在美国专利商标局授予的24.7万项专利中，有51%的专利申请来自国外。

据《泰晤士高等教育增刊》报道，全球排名前十位的大学中有6所在美国。美国共有4000余所大专院校，约5600万美国人获得学士及以上学位。美国大学和科研机构还招收了50多万名留学生，约占全球留学生总数的四分之一。很多社区学院为在本地投资的外国企业提供量身定制的培训。

美国是世界上规模最大和最发达的经济体，人均GDP为4.9万美元。美国的市场体制、法律制度和税收体系给外国投资者充分的经营自由。此外，美国吸引外国经营和投资的环境主要指数持续排名最佳或接近最佳。世界经济论坛发布的《全球竞争力报告》显示，美国一直是世界上最具竞争力、最具创新和最开放的经济体之一。

美国还是全球创新的中心。根据巴特尔纪念研究所估算，2010年美国研发支出为3958亿美元，高居全球第一。另据诺贝尔基金会统计，自2000年以来，美国在科学领域获得的诺贝尔奖数量超过了其他所有国家的总和，约45%的诺贝尔化学、医学、物理奖得主在美国从事其获奖领域的研究工作。美国是世界上专利申请数量较多的国家之一。

国际排名前30位的医疗企业的销售额占行业销售总额80%，其中美国企业销售额占比超40%。

美国医疗器械产业2012—2017年的年均增长率为6.4%。其中，医院市场占35%，分销商市场为26%，第三方健康服务机构为16%，专业医疗健康顾问及治疗机构占15%；主要产品占比为：心脏器械占18%，神经器械占10%，糖尿病器械占6%，泌尿科器械占5%，普通外科器械占4%左右。

目前，美国最大的医疗器械市场为植入类医疗器械，增长最快的产品为诊断器械。

美国医疗器械产业最关注的技术分别为：（1）影像诊断（Diagnostic Imaging）；（2）远程医疗（Telemedicine）；（3）分子诊断（Molecular Diagnostics）；（4）助行器械（Mobility Aids）；（5）微创手术（Minimally Invasive Surgery）；（6）微流体系统与微机电系统（Micro-Fluidics and MEMS）；（7）无创监护（Non-Invasive Monitoring）；（8）生物材料（Bio-Materials）；（9）生物植入技术（Bio-Implants）；（10）药物输送（Drug Delivery）。

2. 以色列医疗创新产业发展与机会。

以色列是世界上初创企业数量最多的地方，其科研投入占比高居全世界榜首，在巨额投资的背后，是以色列民众对风险投资和创业投资的态度，他们对创业失败的风险接受度非常高。觉得失败了从头再来就好，宽容程度更胜于美国。

以色列是世界上非常注重质量的国家之一，并设置了一套国际化标准对质量进行监测和改进，其人均医疗专利数量居于世界第二，超过美国和日本。

以色列正在成为数字医疗技术的世界中心。据以色列非营利组织"创业国度中心"发布的报告显示，2016年以色列的数字医疗领域在融资与公司数量方面都发展迅猛，2016年的投资额同比跃升30%，达到1.83亿美元。

在推动数字医疗革命的技术方面，以色列已达到世界领先水平，包括传感器技术、电信和网络技术、大数据、智能手机和应用等。以色列大约有380多家企业活跃于数字领域的五大板块——健康分析、远程医疗、临床工作流程、可穿戴设备和传感器，以及个人健康工具。个人健康工具板块成长最为迅速，共有174家企业（占以色列整体行业的45%），提供基于软件的工具，来帮助人们跟踪、管理甚至治疗自己的健康状况。据不完全统计，2006年—2015年，以色列共有69家医疗健康产业创业公司被并购，2011年—2015年，以色列有20多家医疗健康产业创业公司登录美国纳斯达克。

并购退出多是医疗器械公司。69个退出案例当中，47.68%为医疗器械公司，10.15%为生物技术及制药公司，9.13%为医疗IT公司，3.4%为生物农业公司。这里需要提到以色列神经系统医疗器械Perflow公司，Perflow公司2010年2月25日成立于以色列的特拉维夫，首期的研发资金85%来源于以色列首席科学家办公室，15%来源于国家级孵化器的直接投资。公司团队由拥有多年生物医药行业创业及管理经验的人士与国际著名神经系统医生组成。该公司开发了新一代脑中风介入治疗设备——Stream取栓合金线，其产品采用新型编织技术，给中风及其他脑血管疾病带来最先进的治疗方案，是全球首款可调节直径记忆合金线取栓装置，从此一家医院不再需要多种不同规格粗细的合金线产品，并且在CT下全线可见，非常便于操作和调节。

2017年3月22日，中国制药百强企业——浙江京新药业股份有限公司，以自有资金400万美元投资Perflow，取得Perflow不超过16%的股权及拥有Stream取栓合金线在中国市场的权益。

二、中国医疗产业各细分行业投资机会分析

近几年，中国医疗改革政策频出，对医疗市场格局将会产生深远的影响。比较重要的政策有医保控费、药品价格改革、分级诊疗、公立医院综合改革、鼓励社会办医等。综合看来，系列改革方案目的在于破除以药养医，解决看病难和看病贵，实施医疗、医保和医药三者联动。这些政策的落地，对医疗行业格局影响巨大。

（一）医药行业

数据显示，2016年，中国药品终端市场（不含药材）总规模达14909亿元，同比增长8.2%，其中零售药店地位快速提升，以3377亿元市场规模成为产业主要力量之一。中国的生物医药企业起步晚

于发达国家，大而不强，与发达国家在全球市场占有率、产品竞争力等方面的差距依然很大，美国、欧盟、日本企业的国际市场份额占有率已经分别达到59%、19%、17%，而包括中国在内的其他国家只占有不及5%。

1. 医药产业的特点。

（1）产品回报率高；

（2）产业技术含量高；

（3）产品开发周期长；

（4）产业风险高；

（5）产业投入大。

2. 医药产业投资机会也有很多。

从疾病谱看来，人口的老龄化及生活方式的变化带来的疾病问题将会成为未来很长一段时间的重点方向。

1995年，抗生素龙头华北制药占据了A股医药板块市值的头把交椅。而今天，以肿瘤药为主的恒瑞医药已经成为无可辩驳的老大。

随着药企理念和机制的逐步完善，海外技术骨干陆续回国，壮大了人才队伍，医药风险投资基金也开始兴起。

国内创业板上市公司我武生物，依托世界领先的过敏原药物技术平台，具备中国制药企业少见的、并已得到验证的研发创新性药物的能力，是国内首家也是唯一一家获准生产销售的标准化舌下含服脱敏药的公司，国家对该药实施4年的新药监测期。该公司拥有全球研发视野及丰富运营经验的专业团队。公司主力产品——粉尘螨滴剂"畅迪"是由粉尘螨的活性成分配制而成的脱敏治疗药物。相对国外进口的注射剂脱敏类产品，"畅迪"具有剂型优势，临床研究的年龄覆盖到4周岁，能够进入儿科用药，用药脱落率低，能独享市场。2011年上海创瑞投资等投资机构对我武生物进行了投资。我武生物2014年1月21日在深圳创业板成功上市。

(二)医疗器械

2016年中国医疗器械市场总规模约为3700亿元（见图15-2），比2015年度的3080亿元增长了620亿元，增长率约为20.1%。其中，医用医疗器械市场约为2690亿元，约占72.7%；家用医疗器械市场首次突破千亿元大关，约为1010亿元，占比27.3%。根据医疗器械市场规模走势，中商产业研究院预计2017年中国医疗器械市场规模将超4000亿元。

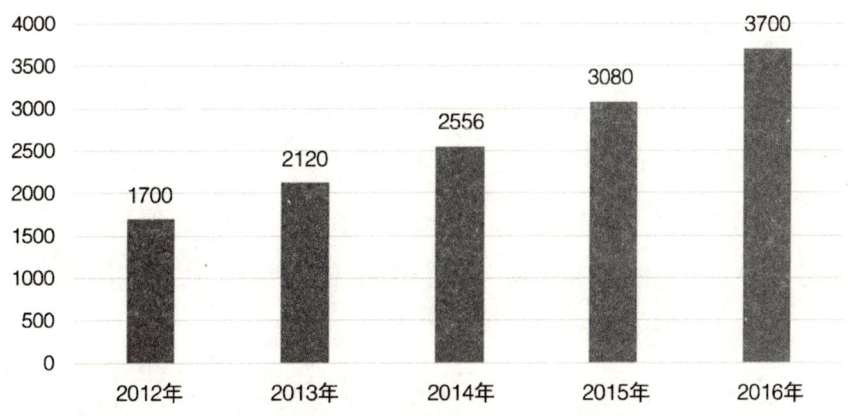

图15-2 2012年—2016年中国医疗器械市场销售规模情况（亿元）

数据来源：中商产业研究院整理。

1. 中国医疗器械市场的特点。

以3700亿元市场总规模保守计算，我国医疗器械生产企业1.42万家，平均每家估值约2606万元，相比2015年的2169万元，平均每家增长约437万元。经营企业18.63万家，平均每家估值约199万元，相比2015年的165万元，平均每家增长约34万元。值得关注的是，目前国内医疗器械生产企业超过万家，但生产同一产品的企业往往有十几家、几十家甚至上百家，生产的产品也是不同的企业有不同的标准，总体水平均达不到与国际接轨的程度，造成资源浪费，生产的产品大多进行拼装、改进外形包装，而忽视了产品质量及更高的研发能力，只重其形不重其意。

2. 医疗器械领域投资逻辑。

（1）宏观看市场、看赛道、看时点。

细分市场决定天花板：市场容量和增速是准入的首要考虑条件；技术、赛道：技术壁垒，临床价值，医生使用习惯；进入时点：有无可能成为第一梯队。

（2）微观看团队、看阶段。

团队：创始团队看出身，销售能力看渠道。公司：产业链位置、整合能力；分领域的平台公司受青睐与否。

美国拥有相当突出的细分行业创新能力。目前脑科手术准备仅限于观察图片，随着仪器使用、微创处理、机器人应用等的增加，外科手术变得越来越复杂，手术的详细规划成为当务之急，外科医生和医院的表现不应受限于个人经验。

举一个典型案例：位于美国俄亥俄州的Surgical Theater公司，研发了神经外科手术3D预演规划系统和3D手术导航系统，分别于2013年2月和2014年6月获得FDA(美国食品药品监督管理局)认证。这套系统已经卖给美国一些著名医院，公司产品当中的SNAP系统可以和其他公司的系统完美结合，比如德国Brainlab神经外科手术导航系统、美敦力StealthStation导航系统。和市场上其他同类型产品对比，Surgical Theater的图像更清楚，更逼真，3D可视效果更强烈，具有相关模拟手术工具，便于实际手术操作，同时能够使血管和组织呈现半透明化效果，增强病灶位置和周围重要组织的可视性。2014年该公司获得上海投资人的首轮投资220万美元，2015年8月再获台湾HTC公司投资500万美元。2015年11月，在HTC全球开发者大会上，董事长王雪红女士亲自向全球合作伙伴推荐该项目，并且宣布在VR领域合计投资100亿元，进军VR医疗等多个领域。

（三）医疗服务

1. 体外诊断。

目前，中国体外诊断市场处在快速发展期。据资料显示，2010年我国体外诊断市场规模为122亿元，到2015年我国体外诊断市场规模实现翻番，达到295亿元。2016年，我国体外诊断市场规模约430亿元，到2019年，我国体外诊断市场规模将有望达到723亿元，3年间年均复合增长率高达18.7%。其中，政府推崇的精准医疗模式将是未来中国体外诊断行业加速发展的一大助力。

2. 康复医疗。

康复医疗作为医药健康领域的新课题，越发引起资本市场关注，由于其具有巨大的市场空间，而目前国内相对还是一片空白，资本将越发关注这片蓝海。此前有券商研报显示，国内康复医疗市场规模近200亿元，考虑到其他科室和巨大的老年人康复市场，到2023年，我国康复医疗产业有望达到千亿规模，年复合增长率将超过18%。康复领域专家指出，全面康复包括医疗康复、职业康复、社会康复及教育康复四个方面，不仅针对疾病，而且着眼于整个人，从生理上、心理上、社会上及经济能力方面进行全面康复。

3. 医药流通。

医药流通行业是整个产业链中非常关键的一个环节，作为重要的中介，它是链接医药制造企业和终端消费者（包括医院药房和零售药房，以医院为主）的桥梁。因为历史原因，医药流通企业主要以国企为主，目前形成了全国性和区域性的流通企业。规模效应、提升效率、优化品种是贯彻流程的关键词，流通配送企业由于直接面向医院，或多或少都有一些医药制造业务能够形成协同效应。目前行业的大主题是并购，一些区域性的规模化企业也在谋求上市。

4. 医院和体检中心。

无论是公立医院还是私立医院，相关的投资和并购已经有众多的产业和 PE 资本在布局。和睦家为代表的高端私人诊所、春雨医生为代表的互联网问诊和线下诊所尝试、各类想脱离体制的医生集团都在试图打破原有的公立医院和医生的围墙，也因此存在各个方向的投资和并购机会。

5. 零售药店和网上药店。

近年来互联网售药和移动医疗等较为火热，给沉寂的连锁药店带来了一些新元素，如仁和药业旗下叮当快药 App 能在主要一线城市做到 30 分钟内送药上门。大多数互联网售药企业的发展离预期还是有较大距离，实际销售以计生用品、隐形眼镜为主，以后的爆发点在于处方药互联网销售的放开和电子处方的落地。

6. 医疗信息化。

关于"互联网+"的话题已经深入人心，医疗信息化本身和互联网联系其实很大。医疗信息化存在的基本逻辑就是医院的企业资源计划（ERP）系统，根据医院的不同职能有各种子系统，如 HIS（医院信息系统）、LIS（实验室信息管理系统）、PACS（影像归档和通信系统）、EMR（电子病历）系统等。系统本身没有互联网属性，对于行业内的公司而言就是一个 ToB 的业务，需要对医院管理业务流程及软件开发实施都比较熟悉。

正是因为医院体系比较封闭，所以各个医院之间、医院内部各个科室之间信息孤岛的情况比较普遍，还难以做到医生面对一个屏幕就能把病人的相关内容全部囊括。目前有不少创业公司试图解决信息孤岛的问题，希望能够全流程电子化，把电子病历、诊断结果、用药信息等所有流程都整合在一个系统中，也有人试图将一个区域所有医院的系统统一化，正在进行不断地尝试。

由于医疗行业与人们生活关系密切，具有广阔的市场和发展前景，越来越多的资金涌入医疗行业，不仅医疗行业投资公司在扩大投资规模，更多非医疗行业的公司也纷纷进入这个市场。由于传统产业的发展空间受限，不少上市公司把医疗行业作为第二主业或者计划把主业转型为医疗行业，但基于医疗行业技术和资金密集型的特点，这种转型具有较大的不确定性。但无论如何，医疗行业是一个永远的朝阳产业。

第十六章 > 共享经济大有可为

"共享经济"当算这两年最火的名词之一了!

我们知道,经济学是研究一个社会如何利用稀缺的资源以生产有价值的物品和劳务,并将它们在不同的人中间进行分配的学科。而共享经济模式下,降低了供给和需求双方的成本,也降低了资源的稀缺性,大大提升了资源对接和配置的效率。这不仅体现在金钱成本上,还体现在时间成本上。

"共享经济"一词最早出现在1978年《美国行为科学家》杂志上,由美国得克萨斯州立大学社会学教授马科斯·费尔逊和伊利诺伊大学社会学教授琼·斯潘思提出。直到2008年的金融危机,"共享经济"才真正引起重视,成为一种新商业模式。2014年12月彭博社评选了"史上最具颠覆性的85个商业思想","共享经济"就位列其中。

优步(Uber)2014年时在旧金山的业务收入就已是整个旧金山出租车市场的3倍之多;空中食宿旅行房屋租赁社区爱彼迎(Airbnb)已经拥有2300多万用户,超过全球连锁希尔顿酒店日住户的22%。这两家创建于硅谷的公司,正在以自己的方式改变着世界,成为世界共享经济的两面旗帜。

我们今天讨论的共享，完全不仅仅是车子、房子这些有形的东西，我们的劳动、资金、技能、时间，一切东西都可以共享。共享经济的定义是把全世界所有零散的资源、分散的资源、闲置的资源，通过互联网和大数据整合起来，这也是共享经济的核心。

虽然共享经济发展的时间不长，但是从优步的出现到遍地的"小黄车""小绿车"，共享经济已经快速地渗透到了很多行业和细分市场。以消费交易对象为分类标准，共享型经济在旅行住宿共享、物流共享、交通共享、服务共享、闲置用品共享等方面大有可为。

2016年中国的共享经济迅速崛起并非偶然。中国企业的商业模式基本上是追随型，但基于中国庞大的人口基数和迅速崛起的中产阶级巨大的消费能力，往往会出现后来者居上的结果。目前共享经济在出行领域渐成规模，预测今后发展的方向主要以车、房等高价值的闲置资源和面向人的标准化服务为主。整体上看，共享经济正在交通、租房、教育、社区等很多垂直领域，以极快的速度铺开，不少新产品都杀出了一条血路，未来在国内的很多领域都有可能被实践。

以前我们任何一个市场交易都有买方和卖方，但是今天的服务提供者不是传统的卖方，不是酒店，也不是出租车公司。共享经济在一定意义上把传统的卖方消灭了。由于互联网的出现，需求方根本不用找传统的卖方，只需找跟自己一样阶层的消费者。优步司机有很多段子："上车发现是老板在开车，好不尴尬"；"单身帅哥做优步司机是为了碰到年轻漂亮的女性，从此碰撞出火花"；"有司机开优步只在阿里巴巴公司门口接单，是因为那里出来的大多是阿里的高管，可借此机会认识他，说不定还可能成为朋友呢"……

共享经济要基于互联网和大数据才能发挥它的作用。我们今天把供需完全数据化之后,通过大数据的搜索,供需可以快速地匹配,这就是我们今天共享经济产生的机制,不仅仅是供需数据化,消费者这一端也完全数据化了。

杭州图书馆推出一个 App"悦读",这个 App 非常有特点,每个人都可以下载,到了新华书店的时候,随便拿起一本书一扫就知道图书馆有没有,如果有的话,有多少本,馆藏量足不足。如果你喜欢这本书,但图书馆没有或者没有达到馆藏量,你就可以到服务处刷下证件,不用付钱就可以带回家,图书馆就可以帮你付钱,在这个过程中图书馆就充当了采购员。什么叫羊毛可以出在牛身上?自己家养了一只羊才可以有羊毛,而今天外面的牛就可以帮助你做了,这就是羊毛出在牛身上。图书馆今天不用再雇一批人当图书采购员,读者帮他们采购的书是更加精准的,因为读者就是他们服务的对象。

大数据的概念,最早由美国提出,并且已经上升为美国的国家战略。中国也已经将大数据列入到"十三五"规划当中。根据相关资料,大数据包括几个方面,业界通常用四个 V 来概括大数据的特征。一是数据体量巨大(Volume);二是数据类型繁多(Variety),这种类型的多样性也让数据被分为结构化数据和非结构化数据;三是价值密度低(Value),价值密度的高低与数据总量的大小成反比;四是处理速度快(Velocity),这是大数据区分于传统数据挖掘的最显著特征。根据 IDC(国际数据公司)"数字宇宙"的报告,预计到 2020 年,全球数据使用量将达到 35.2ZB(泽字节,代表的是 10 万亿亿字节)。在如此海量的数据面前,处理数据的效率就是企业的生命。

共享经济牵扯到三大主体，即商品或服务的需求方、供给方和共享经济平台。共享经济平台作为连接供需双方的纽带，通过移动LBS（基于移动位置服务）应用、动态算法与定价、双方互评体系等一系列机制的建立，使得供给与需求方通过共享经济平台进行交易。中国在共享经济领域，存在很多投资机会。

舍得联盟是国内大型创业者社群之一，已经拥有50万高粘性粉丝，且规模仍然在快速成长中。舍得联盟以VR作为流量入口，构建闭环实体产业链，依托大数据衍生出彼此独立而又互相融通的商业实体，实体的利润又通过大数据平台回馈给粉丝，力图实现共生、共有、共享，这是共享经济一个有意义的实践。

（一）共享交通出行模式

交通出行是共享经济目前在全球范围影响最广、争议最多的一个领域，主要有共享租车、共享驾乘、共享自行车、共享停车位四种类型。

交通出行的共享基于巨大存量市场，把社会上大量闲置的车资源、司机资源、停车位资源等盘活，在改变人们出行方式的同时，也指数级地提升了交通闲置资源的利用率。

（二）共享空间模式

空间是无处不在的资源，但它有着明确属性特征，主要包括共享住宿空间、共享宠物空间及共享办公场所空间三种产品形态。传统空间拥有者想要将其空间高频率、多次数出售或短租给需求者，或者需求者想要了解房屋真实情况，交易的时间成本就非常高，但空间的共享经济则将传统的壁垒打破，供需双方可以快速地建立联系并沟通，信息完全对称。

（三）共享美食模式

国内从 2014 年开始，爱大厨、好厨师、烧饭饭等应用软件已纷纷上线。这种分享模式意不在于仅仅帮人们解决吃饭或做饭问题，而更在于营造一种文化交流的平台。通过这些第三方平台，好手艺的大厨们可以充分发挥自己的特长，在闲暇之余为他人提供高品质的美食，同时，也可以获得收入，把自己的才华分享给他人，创造了意想不到的价值。

（四）共享医疗健康模式

在 Pager 平台上，患者只要有需求就可以通过移动应用来预约医生，公司会从签约医生中挑选一位与患者达成 1 对 1 连接，并在 2 小时内提供上门服务。另一家共享医疗公司 Medicast 平台上的医生所提供的诊疗服务大致围绕感冒、发烧、轻微的外伤等可简单处理的病症。

另一种共享模式是对健身场馆及健身教练分享使用，如 ClassPass，采用"整进散出"的模式，通过资源整合，将纽约市的健身会馆联结在一起。

这种模式对于没有时间在医生办公室排队的患者来说意义重大，可以节省时间和精力；对于医生而言，他们也可以额外地获得一些收入，一些年轻、知名度不高、经验不足的医生也可以通过这种途径筛选针对性的病患，有效提升自身专业水平；而健身场馆则可以通过这种方式增加用户黏性。

（五）共享公共资源模式

Open Garden 公司的目标是建立一个大家可以共享 Wi-Fi 的网络，手机、平板电脑等设备安装后每台设备都变成一个 Wi-Fi 热点，同时相互连接就形成一个庞大的 Wi-Fi 网络，随后，它又推出了不需要网络也可以发送消息的应用软件 FireChat。

另一种供分享的资源是太阳能资源，SolarCity 公司主要业务是购买闲置太阳能光伏系统，然后租赁给用户并提供安装等周边服务，通过周边服务的附加值将产品提价并从用户手中赚取差价。

公共资源的共享让众多分散的用户与数据瞬间成了可利用的资源，同时又不会造成资源的过剩，让资源的分配更均匀。

（六）共享知识教育模式

果壳推出了一种知识分享产品——在行，将知识分享从线上引到线下。每个人都可能是一个领域的专家，让这些专家将自己的经验和知识与他人不仅在线上而且在线下进行1对1的分享。

通过分享的过程，让存在于每个人头脑中的知识发挥更大的价值，而且通过互联网的方式，打破了空间的限制，这种知识的共享可以触及地球每一个角落的人们，帮助他们提高教育水平和文明程度。这种方式本身除了对个体有价值之外，对于整个世界的发展都有着非常深远的意义。

（七）共享任务服务模式

帮助别人完成任务或提供各种服务。人们在网站上发布工作内容，然后别人可以领取任务，完成任务后获得相应的报酬，美国的 TaskRabbit 就是一家这样的企业。

从发布任务者的角度来说，成本低、解决速度快，而接受任务的人则可以赚些外快。这种模式下，公司也将会更"轻"更扁平。

（八）共享物品模式

物品共享领域其实是最早出现的共享形态，随着移动互联网的发展，共享物品的商业模式呈现除了书籍共享、服装共享之外更加多元化的形态。

在共享物品这种模式下，降低了供给和需求两方的成本，大大提升了资源对接和配置的效率。这不仅体现在金钱成本上，还体现在时间成本上。

当然，作为新生事物的共享经济也面临不少挑战，包括交易诚信、安全约束、监管障碍等，但是随着人们消费理念的转变和行业渗透，拥抱共享经济会迎来更多发展，这一趋势已经不可逆转，且共享经济市场已经有大量资金支持，未来将有更多的热钱涌入。据统计，2016年我国共享经济市场交易总额约为34520亿元人民币，较上年增长103%；参与人数达到6亿人，较上年增加1亿人左右。根据国家信息中心分享经济研究中心预测，未来几年，共享经济将保持年均40%左右的高速增长，到2020年共享经济的交易规模占GDP比重将达到10%以上。

共享经济的崛起还催生了许多充满噱头的项目，如共享睡眠、共享茶馆等。它们或没有形成足够的规模，或需要纳入公共事务进行讨论，但这类经济现象的出现，已经让人们深刻感受到，共享经济正在深刻改变人类的生活方式，未来将有燎原之势。瑕不掩瑜，它终将大有可为。

第十七章 > 人工智能的风口

说起人工智能,首先绕不开的一个人,那就是图灵,人工智能领域的最高奖(相当于人工智能领域的诺贝尔奖)就叫"图灵奖"。

图灵,1912年生于英国伦敦。少年时就表现出独特的直觉创造能力和对数学的爱好,为了帮助母亲理解爱因斯坦的相对论,15岁的图灵写出了爱因斯坦著作的内容提要。1931年,图灵考入剑桥大学国王学院,由于成绩优异而获得数学奖学金。

1935年,他的第一篇数学论文《左右殆周期性的等价》发表于《伦敦数学会杂志》上。同一年,他还写出《论高斯误差函数》一文。这一论文使他由一名大学生直接当选为国王学院的研究员,并于次年荣获英国著名的史密斯数学奖,成为国王学院声名显赫的毕业生之一。

1936年5月,图灵向伦敦权威的数学杂志投了一篇论文,题为《论数字计算在决断难题中的应用》。在论文的附录里他描述了一种可以辅助数学研究的机器,后来被人称为"图灵机"。这个设想最牛的地方在于,它第一次在纯数学的符号逻辑世界和实体世界之间建立了联系,后来我们所熟知的电脑,以及"人工智能",都基于这个设想。这是他人生第一篇重要论文,也是他的成名之作。

1937 年,图灵发表的另一篇文章《可计算性与 λ 可定义性》则拓广了丘奇提出的"丘奇论点",形成"丘奇 – 图灵论点",对计算理论的严格化、计算机科学的形成和发展都具有奠基性的意义。

1936 年 9 月,图灵应邀到美国普林斯顿高级研究院学习,1938 年获博士学位,1938 年夏,图灵回到英国剑桥大学国王学院任研究员,继续研究数理逻辑和计算理论,同时开始了计算机的研制工作。

二战中,他应召到英国外交部通信处从事破译敌方密码的工作,并参与了世界上最早的电子计算机的研制工作。1945 年,开始从事自动计算机的逻辑设计和具体研制工作,并写出了一份长达 50 页的自动计算机的设计说明书。

1949 年图灵成为曼彻斯特大学计算机实验室的副主任,负责最早的真正意义上的计算机 ——"曼彻斯特一号"的软件理论开发,因此成为世界上第一位把计算机实际用于数学研究的科学家。

1950 年,图灵提出了著名的"图灵测试",提出关于机器思维的问题,他的论文《计算机器与智能》引起了广泛的注意和深远的影响。10 月,图灵发表论文《机器能思考吗?》这一划时代的作品,奠定了人工智能的基础。

然而天妒英才,图灵作为一个同性恋者而不被当时社会所容纳,最终他在 1954 年吃下含氰化钾的毒苹果自杀身亡,终年 42 岁。多年以后,乔布斯为了纪念图灵,将苹果公司的 logo 确定为一只被咬了一口的苹果。

另一个值得一提的人物是马文·明斯基,图灵虽然奠定了人工智能的基础,但公认人工智能的起点是图灵去世两年后的 1956 年夏天在达特茅斯学院举办的人工智能会议,"人工智能"(Artificial

Intelligence，简称 AI）概念正式提出。达特茅斯大会的主要参与者就是马文·明斯基、麦卡锡等几位当时三十岁上下的青年才俊，马文·明斯基是普林斯顿大学博士、麻省理工学院教授、麻省理工学院人工智能实验室主任，不仅是"人工智能之父"，同时也是 AR/VR 的首倡者，并且创立了世界上第一个机器人公司。所以，我们广义上的人工智能，也包括了 AR/VR 和机器人领域。

当前，人工智能行业企业已经开始了全球化的布局进程。总体来看，美国的人工智能企业仍然处于世界第一，而英国则紧跟其后，排名第二。

从全球来看，大公司资金雄厚，品牌知名度高，人才济济，数据和情报资源丰富，在企业竞争中总是占有优势，这都是小公司无法匹敌的。全球财富 500 强公司在 2015 年的营收总和达到了 27.6 万亿美元，员工总数超过 6700 万人。庞大的权力集中在少数公司之手。

但是人工智能技术有可能将改变当前的竞争格局，使小公司也可能在某些领域战胜大公司。一方面，人工智能技术越来越先进，另一方面，研发和使用人工智能系统的成本却在不断下降。我们正在迎来一个崭新的时代，人工智能技术将以更低的成本让商业流程变得更加智能和便捷，很多新出现的公司将在现有的市场引发巨大的创新。一家仅有不到十名员工的初创公司也有可能跟一家财富 500 强公司针锋相对地竞争，并且以弱胜强。最著名的例子就是微软在 20 世纪 80 年代击败老牌技术巨头 IBM 的故事。IBM 在巅峰时期的 1985 年，市值比如今苹果的市值（7000 多亿美元）还要高，占到标普 500 股指的所有成分股市值总和的 6.4%；相比之下，现在苹果在标普 500 股指的所有成分股市值总和中仅占 4% 左右。不管是从公司规模、人才数量、资本还是影响力的角度来说，当时的IBM都是无可匹敌的。

IBM是计算领域的先锋，专注于大型机和庞大笨重的计算机。它在大规模企业计算领域进行了大力投资，然而技术的进步也推动了个人电脑市场的发展。

微软敏锐地抓住了这个机会，开发和发布了MS-DOS系统，同时还为IBM开发操作系统，最终创造了硅谷的传奇。微软知道个人电脑市场拥有无尽的潜力，作为一家规模比较小、灵活性却比较强的公司，它比IBM更有可能抓住这个机会。它把重点放在可能被用于个人计算机的图形用户界面上，迎合了一个全新的家用电脑市场，找到了击败IBM的方法。

随着人工智能技术成为企业商业运作中的一个越来越重要的成分，越来越多的大品牌公司已经开始利用人工智能技术来解决它们的内部需求，建立更完善的广告系统，打造产品推荐算法，为商业情报系统收集数据等。这些公司使用人工智能技术的主要目的是满足企业自己的各种需求，而不是迎合客户的需求。专注于满足内部需求和传统的系统也正是IBM在战略上犯的一个大错误，因为竞争对手可能会把同样的技术用于开发新产品和改善客户体验上。小公司不需要在经营完善上面花太多的钱，它们可以直接将人工智能投资放在面向消费者的产品上，瞄准大公司忽略或低估的市场领域。

旧金山的一家初创公司用人工智能技术改变了整个女性内衣行业。这家公司了解到，大多数女性消费者发现选购文胸是一项体力活儿，于是它开发了一款应用来帮助女性消费者寻找能够满足各自需求的文胸。这款应用利用人工智能技术来分析用户提交的照片，以判断出她们的尺寸，这比她们亲自到文胸店里去量尺寸更令人愉悦，因为在文胸店里量尺寸的时候，周围会有很多人指指点点。将人工智能应用到创新业务中所带来的优势足以抵消大型连锁店网络和现有品牌具备的优势。

以人工智能来推动创新的另一个案例是很多旅游公司已经开始利用行为数据和预测性分析技术，根据每一位游客的喜好和个性，定制不同的品牌体验。使用人工智能技术可以让它们凭借独特、个性化的产品和服务与大旅游公司竞争。因为消费者渴求个性，因此它是一种独特的优势，然而实现这样的优势并不容易。

大企业有一个传统的优势，那就是它们拥有大量专业化工人。这些公司可以吸引到最顶级的人才，不管面对什么样的关键任务，它们都拥有丰富和足够的资源来招聘新的人才。与此同时，小公司的员工通常必须身兼多职。

但是人工智能技术可以抵消这种人才上的优势，淡化相关的限制，比如官僚主义和缺乏执行力带来的弱势。小公司通常不会存在这些问题，因为它们的团队是扁平式的，灵活性更高。现在，人工智能加入了进来。基于人工智能的服务可以处理好各种行政工作，比如做规划、开发票、数据录入甚至处理法律事务。初创公司的创始人们走出大门就可以把各种低级工作外包给自动化系统，这比交给公司员工去办更高效，成本也更低。仅仅是将IT功能自动化就可以将企业开支减少14%到28%，因此这些公司可以利用自动化服务迅速建立起财务上的优势。

对于比较高级的任务，很多人工智能软件系统增加了直观的界面，团队里的任何人都能使用它们。集中化的数据中心让公司员工都能从同一个信息库中提取信息，并且了解到他们的行为会对公司里的其他人造成什么样的影响。

比如新一代客户关系管理系统（CRM）就可能帮助小公司打一个漂亮的翻身仗。客户关系管理系统帮助公司跟踪关于客户的重要信息，比如客户以前购买过什么，客户何时访问过公司的网站，他们在社交网站上对公司的评价如何，等等。但是客户关系管理系统对于新公司来说成本并不高，与传统的耗时费力的调研和分析工作相比，它们只需销售人员将客户数据输入进去即可工作。

这就是为什么有些公司利用人工智能助手来整合来自销售代表的智能手机和办公应用的数据。他们不用花费大量的时间去录入或分析客户数据，却随时可以获得所有的信息。销售代表不需要去做数据录入这样的低级工作，他们只需专心做好与客户建立长期关系等工作，这也有助于提高公司的利润。

实时活动分析系统可以让小公司根据业绩迅速作出调整。在眼下这个瞬息万变的消费者市场，这种灵活变通的能力可以转化为一种关键的竞争优势。有些技术专家认为，这一代应用人工智能系统，比如预测性分析服务，可以通过提高自动化程度和效率赋予小公司巨大的优势。

各种云服务和自动化营销活动还可以降低公司成本和对人才的需求。成功创建和发展壮大一家公司的难度已经大大降低了，适应能力极强的小公司如雨后春笋一般冒了出来，它们的出现渐渐填补了小公司和行业巨人之间的差距。金融技术行业就是一个典型，这个行业的很多初创公司已经跟很多重要的投资公司产生了竞争。它们利用人工智能技术以更智能、对用户更友好的方式为客户提供投资跟踪、投资管理和投资规划服务。人工智能技术将引发金融顾问服务行业的变革，这些初创公司已经将这种预期植入到服务之中，这样的预见性服务让它们能够很好地满足消费者的不同需求，这是传统的投资公司所不具备的优势。

（一）攻击大公司的数据优势

财富500强公司现在仍然占有一定优势的一个领域是它们掌握着大量的客户数据和市场数据。这些信息可以被用来进行预测和指导产品开发，小公司则没有这种优势。

然而，关于消费者的大量开源情报每天都在生成。人们的网上行为、他们在社交媒体上的行为甚至与地理位置有关的登录信息都能不断充实小公司的数据库。

随着小公司数据库的不断充实，它们或许可以进一步缩小在数据上与大公司之间的差距。商业智能软件以前价格不菲，同时也很复杂，只有大公司才买得起和用得起，也只有大公司才有能力聘请专业的IT人士来保证软件的安全性。如今，小公司也开始利用市面上的各种廉价的商业智能解决方案，无须聘请专业的团队来配合这些软件，任何人都能使用。

新的商业智能平台可以提供数据可视化、客户关系管理和其他关键商业智能服务。一家微贷款公司利用一款现代化商业智能软件来分析企业各种福利的效果，可以在很短的时间内找出效果不佳的举措。这是商业智能为各种规模的公司提供助益的其中一种方式，让它们能够更快作出更明智的决策。

（二）专注于客户和他们的需求

对技术越来越了解的消费者提出的需求越来越高，他们要求流畅的自动化用户体验，新一代创新者争先恐后地去满足这些需求。人工智能让这些公司能够凭借产品质量来竞争，轻装上阵迅速进入新市场，就像当年的微软向IBM发起挑战那样。随着人工智能系统自动化程度越来越高，分析功能带来的优势越来越大，这些公司可以利用技术来完善报告编写、人才招聘、数据分析和其他功能。需要的劳动力和资源投入少了，能够完成的工作却多了。

随着人工智能技术的普及和成本的下降，小公司将有更多的机会与大公司抗衡。权力的平衡可能会从拥有最多资源的大公司向能够迅速推出创新服务以满足消费者需求的小公司转移。

进入2016年，人工智能在出现60多年后，多项技术取得应用性突破，终于成为业界新宠，各路创业者和投资人纷纷把人工智能看成突破困局、产业升级和激发创新的关键要素，人工智能似乎比以往任何时候都更加深入到公众的日常生活中。人工智能技术在未来会在哪个应用行业或地区大放异彩，值得期待。

（三）全球＆中国投资概况

总体来看，美国和英国的人工智能企业分别处于世界第一和第二位，并领先于其他任何国家。

根据乌镇智库联合网易科技发布的《乌镇指数：全球人工智能发展报告2016》，美国人工智能企业总数为2905家，雄踞全球第一，其中仅加州旧金山/湾区、大洛杉矶地区两地的企业数量便多达1155家，占全球总数的19.13%。中国人工智能企业数量虽然不及美国，但北京、上海、深圳三市的企业数量总和也占到了全球总数的7.4%。目前，人工智能的关键核心技术仍然掌握在英美等几个发达国家手中。

根据市场研究公司CB Insight关于美国人工智能融资交易情况的统计，人工智能初创企业的融资额在过去4年时间里增长了近10倍。据Venture Scanner调查报告，截至2016年11月，全球范围内13个种类、总计1485家与人工智能技术有关公司的融资额达到了89亿美元，2016年人工智能行业的收购兼并活动达到了近年来的最高点,人工智能已经越来越广泛地引起大企业的重视。

  2014年人工智能领域全球投资额为10亿美元,同比增长近50%。2015年全球人工智能公司共获得近12亿美元的投资,其中中国人工智能领域约65家创业公司获得投资,合计29.1亿元人民币。预计到2020年,全球人工智能市场规模将达到1190亿元人民币,年复合增速将达到19.7%,中国人工智能市场规模将达到91亿元人民币,年复合增速将超过50%。这是目前狭义的人工智能领域的投资,著名的软银集团已经宣布设立人工智能基金——愿景基金(Vision Fund),第一期募集金额达到930亿美元,是目前世界上最大的私募股权基金,可见其对人工智能领域的高度重视。

第十八章 > AR/VR 投资前景广阔

作为上海迪士尼乐园中最火爆的项目,"飞跃地平线"平均游客排队等候时间超过三个小时。尽管如此,它依然深受人们的青睐,其沉浸式漫游寰宇绝景的震撼与乐趣令人流连忘返,这便是 VR 技术的一个典型应用案例;而作为全球最大的主题公园连锁品牌,美国六旗集团在这一领域也不甘人后。通过与三星和 Oculus 的积极合作,随市场先机,他们于近期推出了全新的 VR 过山车游乐项目。

在信息资讯高度发达的今天,我们不难发现,几乎所有耳熟能详的科技巨头及各行业领袖们,都参与到了 VR 领域的孵化与发展中,AR 领域也出现了完全一样的情景。为什么这些巨头纷纷深耕于这两个领域?什么是 VR,什么又是 AR 呢?

VR 和 AR 作为下一代人机交互界面技术的不同应用方向,二者依赖的基础技术大致相同,例如光学成像、计算机视觉、空间定位及传感器技术等,它们都可以轻易改变我们认识世界的方式,不同之处仅在于如何将我们的存在和表现区分出来。在 VR 中,用户的感官会被封闭在某个特定的虚拟空间内,通过视觉、听觉及触觉等多种交互方式来完成沉浸式的体验。相较于传统方式,VR 技术将用户体验带到了一个全新维度，具体可体现在四个方面：

第一，显示方式的进化，将传统平面显示方式升级成全景显示，大幅提高用户的沉浸感与内容的仿真程度。

第二，水平定位欺骗视觉，通过水平定位系统模拟用户的视角，同时通过高画质的全景展示做到对视觉的欺骗。

第三，3D 音效掌控听觉，运用最先进的 3D 音效解决方案模拟环绕式听觉体验，让用户身临其境。

第四，多样的交互方式，结合手柄操作，行为检测，语音识别等多种类的交互方式以提高用户在行为甚至触觉上的交互体验。

而 AR 则不会使我们出现在别处，它通过多种感官信号（主要是视觉与听觉）与现实真实环境的无缝叠加与融合，来实现和完成信息交互过程。一个标准的 AR 系统结构由信息生成单元、透射式头盔显示器、头部追踪设备和交互设备构成。其中信息生成单元负责虚拟信息的建模、管理、绘制和其他外设的管理；透射式头盔显示器负责显示虚拟和现实融合后的信号输出；头部跟踪设备跟踪用户实现变化；交互设备用于实现感官信号及环境控制操作信号的输入输出。透射式头盔显示器采集真实场景的视频或者图像，传入后台处理单元对齐，进行分析和重构，并结合头部跟踪设备的数据来分析虚拟场景和真实场景的相对位置，实现坐标系的对齐并进行虚拟场景的融合计算，交互设备采集外部控制信号，实现对虚实结合场景的交互操作。系统融合后的信息会实时地显示在头盔显示器中，展现在人的视野内。

作为未来重要的人机界面，用以连接人工智能与云计算等运算与数据功能模块，它们完全有能力成为人类社会的"最后两块屏幕"。在此基础上，本着"宁失一子，不失一先"的原则，我们便可以轻易读懂科技巨头及各行业领袖将一道确保它们的发展与成功的必然逻辑。VR 和 AR 的产业链结构并不特殊，它们的生态节点由硬件、软件、内容和渠道构成，其核心技术主要分布于硬件、数据传输、底层系统、交互与内容制作领域。和其他体验经济产物一样，虚拟现实和增强现实领域的发展关键也在于"内容为王"。作为整个行业的起点，硬件的普及除去自身的性价比提升外，将完全依赖于内容领域的高度发展与繁荣，这也是整个 VR 和 AR 行业的商业逻辑真正核心所在。

经过 20 多年的发展，从底层技术到工具平台，再到内容应用，VR、AR 从实验室中走出来，进入大众视野，这一领域已经形成了相对完整的生态系统机构与分工布局。2016 年，整个世界目睹了 AR 游戏 Pokémon Go（《精灵宝可梦 Go》，一般称"口袋妖怪 Go"）的奇迹。Pokémon Go 上线伊始便风靡全球的同时，也打破了 5 项吉尼斯世界纪录：首月营业额 20650 万美元；首月下载量 3000 万次；首月 70 个国家 App 下载排行榜第一；20 天达成 1 亿美元营业额。该公司发行公司，日本任天堂公司股价 7 月 11 日暴涨 23%，其后股价持续猛增，公司市值一度提升了 75 亿美元。在 VR 方面，根据 SuperData 提供的数据，售价 399 美元的 PS VR 头盔仅仅上市发售 4 个月，便完成了 91.5 万台的销售量，索尼方面宣称至 2017 年末，PS VR 的销量将达到 260 万台，即仅硬件本身将达到 10.3 亿美元的销售额。

根据权威市场调研公司 IDC 最新报告显示，VR 和 AR 的全球收入将在 2017 年达到 170 亿美元，这一数值预计至 2020 年将爆增至 1430 亿美元，复合年均增长率高达 198%。在全球范围内，Facebook 正在成为整个 VR 和 AR 领域的龙头，依照数据分析公司

Quid 的研究调查结果，Facebook 已经通过其子公司 Oculus 收购了 11 家 VR、AR 初创公司，自 2013 年以来，仅公开披露的交易总值就已超过 21.6 亿美元。VC 方面，投资过 SpaceX 项目的美国风险投资公司 Rothenberg Ventures 已完成针对 VR、AR 领域的 32 项投资，作为 VR 头盔生产商的 HTC 通过 28 项投资也遥遥领先于其他对手。值得关注的是，在过去两年中领英发布的 VR、AR 相关工作岗位需求的数量增加了三倍，当然领英上的数据不代表全部的公开招聘职位数量。苹果公司也一直在不断扩大其 VR、AR 团队，其他例如英特尔、微软和谷歌等科技巨头也在这个团队扩招名单内。

相较于全球，中国 VR、AR 领域显得更为活跃，目前全国约有 3000 多家 VR 或 AR 相关公司，大多是初创企业，其中不乏一些具有核心竞争力与成长空间的团队与市场机遇。随着技术革新，预计 2017 年中国虚拟现实行业市场规模将达到 100 亿元人民币，2020 年市场规模预计将达到 600 亿元人民币。现阶段，作为整个产业链起点的硬件领域，呈现出多点均衡发展的局面。首先，硬件领域在由百家争鸣转为逐渐向头部集中，根据自身的供应链各环节上的资源技术优势，进而形成各异的产品优势；其次，产品形态也趋向于分层发展，技术密集型的重度硬件设备方案与追求性价比的轻型应用级设备方案，分别代表着目前硬件领域的两个主要方向。VR 行业目前硬件部分基本由 PC 端头显、一体机和外设周边设备组成，进而交叉组成应用于不同行业领域的解决方案。鉴于现阶段市场优质内容的稀缺，国内硬件厂商大多自行产出与自家硬件相配套的内容产品，借以降低对第三方内容的依赖和不确定性。由于对内容形式和数量的依赖相对较低且付费习惯较好，面向 to B 而形成的定制型解决方案则成为大多数硬件厂商在市场培育期的重要手段。

目前 VR 和 AR 已经进入可市场化、可商业化应用的上升曲线，它们的硬件设备经过多年迭代，已经趋于成熟。随着 Oculus、HTC、微软等巨头发布第一代消费级产品，VR 和 AR 的消费级市场逐渐逼近爆发临界点。一般认为 VR 和 AR 现阶段以技术革新为主要驱动力，体验良好的第二代成熟硬件产品出现并即将普及。然而，VR 和 AR 硬件产业规模比不上智能手机，且带动的配件产业链和供应链也相对较短，所以从价值分配看来，判断 VR 和 AR 的价值将更多集中于内容等产业链后端。而内容方面的盈利无法单纯依赖"从硬件销售积累用户，进而转化为内容销售和服务升级"这种从量变到质变的传统模式，对于 VR、AR 这种创造新需求的市场而言，这种模式无异于"先有鸡，还是先有蛋"的逻辑悖论。单就 VR 和 AR 而言，新的硬件突破孕育新的行业，而优秀的内容形态和载体模式则负责完成最终的行业升级和产业革命。所以，内容提供商们除了持续研发优质内容以外，也逐步在以内容应用为主导，进而整合相关资源，生成各行业领域定制性解决方案。

VR 和 AR 的应用场景主要包括游戏娱乐类、生活服务类、商业服务类。游戏娱乐类内容是用户期待程度最高的内容版块，而游戏又是这一内容版块中占比重最大的部分，所以当大量资本涌入的时候，游戏必将是最受关注的领域。游戏的商业模式已经十分成熟，很容易移植到 VR 和 AR 领域当中，且无论是手游还是主机游戏都已具备成熟的商业模式，VR 和 AR 游戏完全可以借鉴这些模式。知名 IP 可以提高游戏的知名度，使游戏以较低的成本获取大量用户，Pokémon Go 便是很好的例子。除此之外，VR 方面的线下体验中心与主题公园也方兴未艾。在传统线下游戏乐园或主题公园中，能供应游玩的游戏内容大多数在 20~30 个之间，而一个 VR 主题乐园可以涵盖 500～1000 个游戏，而且还可以把各主题覆盖到场景中，进一步提高用户体验度，国内一些解决方案现已进入 B2B、B2C 对接和实施拓展阶段，比如舍得联盟就非常看好 VR 未来的应用前景，并积极布局 VR 产业，计划用 3 到 5 年时间在全国开设 1000 家线下体验馆。他们基于平台 50 万高粘性的粉丝数量，通过旗下舍得顺赢创投配合联盟整体战略，积极在 VR/AR 内容端布局，力求用最新的设备、最好的内容为消费者带来极致体验。

而在生活服务类应用场景中，教育培训是 VR 和 AR 的天然优势领域，两项新兴技术在其诞生之初便应用在了这一领域。除了能高效完成传授知识及技能训练以外，VR 和 AR 还能为用户提供非常好的效能支持，即在需要的时刻提供相关重要资讯，以协助完成工作。

针对学前和学校教育，使用 VR 和 AR 可以为各年龄段的学生提供身临其境的多感官体验，比起传统的讲课、字卡图卡或教科书等教授方法更有效。例如，化学课以 VR 先让学生仿真模拟实验过程，让学生熟悉步骤和可能发生爆炸或起火的错误操作，在真正实验时就可以有效避免危险事故的发生；而教科书或课外书都可搭配行动装置或 AR 眼镜，在特定页面显示 3D 立体画面及相关信息，让学生加深印象，更易理解，提升上课或学习兴趣。

除此之外，VR 和 AR 在医疗和职业培训领域拥有巨大的应用优势，完全可以为用户节省大量时间和成本。医疗方面其实已经有非常多的医学教育机构和医院开始关注和使用 VR 和 AR 技术来进行教学和手术训练。在教学上，学生戴上 AR/VR 眼镜观看 3D 立体的人体结构及器官，甚至可以"取出"某一器官来做更仔细的观察。在外科手术训练上，学生或实习医生戴上 AR/VR 眼镜，通过全息解剖来对着虚拟尸体进行手术练习。这可以让学生在传统尸体实验室内节省大量时间，而且尸体其实在现代社会中并不容易取得，因此基于 VR 和 AR 技术的手术仿真可以减轻医院或学校在这方面的负担。除此之外，在远程协作、处置预演、治疗演练方面，VR 和 AR 也能提供非常多的帮助和额外的价值。在职业培训领域，VR 和 AR 可以提供涵括所有你想到的低成本工作培训解决方案，例如军队、反恐、消防、汽车维修等。

根据艾瑞咨询的数据统计，2016 年第三季度中国在线旅游市场交易规模达 1627.6 亿元，环比增长 11.8%，同比增长 28.4%，持续保持高速增长态势。假设中国 2020 年 GDP 产值与美国接近，在线旅游渗透率将接近 70%，则 2020 年中国在线旅游产值将达到 1 万亿美元。随着"80 后""90 后"消费能力的逐渐提高，他们日益成长为旅游大军的中坚力量，游客群体呈现出年轻化的特点，旅游市场散客化、自由行趋势更加明显。在这样一个充满颠覆的年代，互联网旅游领域的企业巨头们依然非常传统。同质化、粗放式、单一型的旅游产品模式，早已难以满足当今消费者碎片化、随机化的口味，旅游产品资源的格局改变及再造升级在所难免。

在移动互联网时代的社交网络中，人和人之间的信息链接变得特别扁平，社交网络虽然推平了一切，但是依然没有解决旅游体验口碑的有效传播问题。我们会通过他人或专家（营销方）的口碑推荐来做行前决策，正如蚂蜂窝、面包旅行、蝉游记等所做的那样。VR 恰恰是解决旅游体验传播的最佳方式，1000 张 PS 过的照片也不如去实地体验 1 分钟，VR 技术拥有如临现场的能力，使用户能够获得难以替代的基于旅游产品和服务的个体真实体验。全景式的虚拟现实旅游宣传片不会替代我们收拾行李走出家门的真正旅程，但它能帮我们选择目的地和了解涉及这个过程的所有细节，而 AR 可以在旅途中不断丰富我们的感受与体验，并在此基础上无痕地桥接到商品和服务本身。

在建筑设计领域，VR 和 AR 也正在施展拳脚。据不完全统计，"十三五"期间建筑设计行业产值复合增速在 15% 左右，2017 年建筑设计行业产值将达 5300 亿元人民币。国务院提出到 2020 年，装配式建筑将成为全国主流的建设模式。装配式建筑、工业化建造对建筑设计理念、形式、方法都产生了巨大的影响，将原来产业链下游的工作提升到设计环节考虑和体现，设计将与制作、生产、施工、安装、材料等下游产业密切互动，设计标准化与多样化相结合，配件设计要在标准化的基础上做到系列化、通用化，做到"装配式结构，工厂化预制"。而建筑信息制造（BIM）技术的推广应用也在改变着设计师的传统设计思维和工作模式，从二维到三维，从单专业到多专业，从设计到建设和运维全过程，对建筑师的能力和素质提出了更高的要求，同时也对建筑设计业务的开拓提供了新的机会，让建筑师有更多机会面对市场和需求，可以更直观全面地为业主提供解决方案，从而介入项目的全生命周期管理。建筑设计行业的发展在体验经济大潮的趋势下产生了重大变化。依照政策和市场的新变化，城乡规划、建筑设计、景观设计、市政规划等不同领域的行业公司都对工程设计的可视化、交互化、动态化及云端化提出了迫切的痛点需求，而通过 VR 和 AR 技术应用便可以解决项目前期沟通、风险及成本控制等诸多行业难题。

从 2016 年年底的数据来看，整个 VR 和 AR 行业的从业人数达到了 20 万，这比社会上绝大多数行业的从业人数都要少。比起竞争，整个市场更像是在协作努力寻找落地的突破点。在中国，仅教育市场就达到万亿级，就算所有企业都扑向 AR+教育，也难以形成红海，在旅游、工业等其他行业也是相似的情况。

  我们提到的行业应用也仅仅是诸多行业突破点的一小部分，目前 VR 和 AR 技术已被列入"十三五"规划，这意味着国家将大力推动 VR/AR 上下游的整个产业链发展，这将促进 VR 和 AR 技术与各个领域的融合发展。因为从任何角度来看，它们都有能力成为下一次科技浪潮的引领者，最终必将轻易地改变我们驾驭媒体的方式，使得这些超前的科技成果可以被应用到解决各种实际商业问题中去。

第十九章 > 机器人会大行其道吗

2016年年底，我受邀在工业4.0俱乐部年会上发表了一个关于机器人的演讲。我根据当时查询的资料，说2016年的全球机器人领域的投资为80亿美元，但台下的浙江嘉兴招商局领导当场提出异议，认为仅嘉兴一个地级市的机器换人补贴（可以理解为政府对机器人行业的投资）就高达数十亿元人民币，在宁波余姚举办的中国机器人大会连续两年都是一票难求。这位领导的质疑，反映出机器人领域在国内正迅速发展起来。

机器人是广义的人工智能领域中与普通人联系最紧密的行业。近七年来，中国工业机器人市场一直在以极快的速度扩张。国际机器人联合会（IFR）发布报告称，2016年中国工业机器人销量达到9万台，同比增长31%，远高于14%的世界平均增速。

这样爆发式的增长带来的有便利，也有忧虑。

亚马逊很早便开始使用机器人，他们的智能物流系统非常高效，让员工不再付出高体力的劳动，公共设施也能更加完善。但这项举措也让几乎所有亚马逊的临时工失去了工作，因为他们不再需要人力来搬东西，机器人能够做得更好更快。

富士康作为全球最大的代工企业，已经开始让各种机器人进入工厂。富士康称，他们将缩减员工数量，部分员工将学习管理机器人的技能，并作为工程师、技术人员继续留在富士康。言下之意就是不少人只好回家了。

不管人们喜不喜欢、接不接受，机器人大规模取代人类的工作岗位已经是不可阻挡的历史潮流，这也是社会进步的代价。英国的工业革命也曾造成大量的农业工人和手工业者失业（失业率曾高达33%），但工业革命带来了经济的迅速发展，新产业不断出现，许多农业工人和农民涌入城市，成为产业工人，失业问题并没有想象的那么严重。

人工智能目前还在非常初级的阶段，没有办法和人脑比拟。事实上，现在人工智能的突破更多的是让机器人做更好的决定——研究人员希望机器人能够判断环境，能够"感受"恐惧，不要无故进入危险的区域，导致不必要的损毁。

Atheon[1]的机器人TUG在美国各大医院服务，它们收集病人的床单、脏餐盘、状况表等物品。护士们有更多的时间照顾病人，也不需要将劳力花在繁重机械的工作上。

老龄化已经成为全球性问题，中国也逐步进入老龄化社会，上海是中国第一个进入老龄化社会的城市。如果一天24小时、每周7天的护理工作全部由护士来完成，工作量将是护士们难以承受的，成本也是老人们无法承受的。老人护理人员的短缺完全可以由机器人来代替。从目前的情况来看，机器人更像是和人类"合作"，而不是取代我们做所有的事。

---

[1] Atheon是总部位于美国匹兹堡的一家机器人技术公司，在自主移动机器人领域的研究开发享有盛名。

人类拥有更高的控管权，我们会告诉机器人怎么做，而不是让机器人主导一切。

人们总喜欢把"机器人投入工作"和"机器人取代人类"画上等号，但事实上并不是这样的。我们总是高估了机器人在短期内的效益：机器人能够帮助人类，但不会占领所有岗位。

工业革命就曾让19世纪初的劳动力面临这种状况。两百年前，70%的美国劳动力以农场为生。自动化实现后，机器代替了农民及在农场作业的动物，淘汰了大多数人，人数只剩下原来的1%左右。但是被取代的农民并没有都失业，自动化在全新的领域中创造了亿万份工作，农民转而开始操纵工厂中生产的农具、汽车及其他工业产品的机器，大多数农民成为产业工人。从此，建立在自动化之上的新职业潮水般袭来，家用电器维修工、胶印工人、食品化学家、摄影师、网站设计师，这些都是19世纪的农民无法想象的职业。

当然，科技的进步使得新的岗位需要更少的劳动力，科技型失业现象是存在的。

按照著名投资人——软银资本创始人孙正义的预言，30年后，地球上将有100亿人类和100亿机器人一起生活。机器人的数量和活着的人类数量持平，几乎人人都能得到个人机器人，人类的生产方式和生活方式都将大大改变。人类和机器之间将形成一种共生关系。人类的工作就是不停地给机器人安排任务，这本身就是一项永远做不完的工作，所以，我们至少还能保留这份"工作"。

2000年，高盛在纽约总部的美国现金股票交易柜台有600名交易员。但今天只剩下两名交易员在"留守空房"。

摩根大通开发了一款金融合同解析软件，经测试，原先律师和贷款人员每年需要36万小时才能完成的工作，这款软件只需几秒就能完成，且错误率大大降低。

金融数据服务商 Kensho 创始人预计，到 2026 年，有 33%～50% 的金融业工作人员会失去工作，他们的工作将被电脑所取代。Kensho 开发的程序，做分析工作只需一分钟，而拿着高达 35 万美元年薪的分析师们，需要 40 小时才能做完同样的工作，或许过半的券商从业者将不得不转型。机器人首先替代的不是蓝领工人，而是金融业从业人员，70% 以上的证券业者都要转型，不转就被淘汰。

固然，人工智能或许会让一些行业永久消失，却是人类文明的一大进步。它解放了人类的创造力，倘若你不去改变，就只能被社会淘汰，就只能失业。

第二十章 > 为什么物联网比互联网更接地气

互联网这些年发展得热火朝天,世界上十大互联网企业,中国已占四席,受此鼓舞,互联网方面的创业项目也层出不穷,"互联网+"已经成为国家战略。而物联网则是一个相对冷僻的词汇,了解的人远比互联网少。其实互联网主要解决的是人与人的链接,而物联网主要解决的是物与物的链接。

物联网通过智能感知、识别技术与普适计算等通信感知技术,广泛应用于网络的融合中,也因此被称为继计算机、互联网之后世界信息产业发展的第三次浪潮,是新一代信息技术的重要组成部分。那它将会对我们的生活与社会产生哪些影响呢?

一、物联网的起源

国内外普遍公认物联网概念最早由麻省理工学院 Kevin Ashton 教授于 1999 年在研究 RFID(射频识别技术)时提出。Ashton 早年大学毕业后,进入日用消费品巨头宝洁公司工作,在参与改进玉兰油生产线建设项目过程中,发现一排棕色的唇膏总是持续缺货,而调研分析后却发现唇膏都在仓库中积压着。面对这一旁人司空见惯的情况，他想如果有一种能够把包括仓储管理，到物流，再到商品上架的整个流程联系起来的技术，这一问题就能解决。有一天他偶然接触到英国零售商的会员卡系统，会员卡中装了RFID，会员信息通过无线得以连接。他想到如果RFID装在唇膏上或者其他的零售商品上，这样形成的就是一个物物相连的世界。他的理念和随后的实践不仅推动了零售商品管理的变革，还推动了零售业管理模式的变化，减少了零售业每年700亿美元货物管理的损失，物联网的发展开始从自发阶段向自觉研究阶段发展。

为了进一步加大研究力度，两家大公司出资与麻省理工学院建立了RFID研究机构——自动识别中心。在研究中，Ashton发现电子产品代码网络将使机器能够感应到全球任何地方的人造物体，经过更加深入的研究，他认为，可以把所有物品通过射频识别等信息传感设备与因特网连接起来，实现智能化识别和管理。美国麻省理工学院自动识别中心提出，要在计算机因特网的基础上，利用RFID、无线传感器网络、数据通信等技术，构造一个覆盖世界上万事万物的"物联网"。此时物联网的概念还是以RFID为主。

1995年，比尔·盖茨在《未来之路》一书中也提及了物联网，并将这一设想实践于他的豪宅，其中一项技术就是典型的物联网应用：他会给每个来访的客人发一枚胸针，然后录入每个客人的个人喜好、房屋的光线、室内温度等因素，做到环境个性化定制，相关内容会随人而变，随时而变；这枚胸针同时还能起到"防火墙"的作用，没有佩戴的来客会被系统识别，中央电脑就会报警。他的豪宅也是最早的智能家居系统示范工程。

"万物皆可通过网络互联"的观念已逐步为社会所接受。2003年，美国《技术评论》提出，物联网"是改变人类未来生活的十大技术之首",《商业周刊》评价物联网"是人类未来四大高新技术产业之一";2005年11月17日,在突尼斯举行的信息社会世界峰会上,国际电信联盟发布了《ITU互联网报告2005:物联网》,报告指出,物联网通信时代即将来临,各国正逐渐将发展物联网上升到国家战略高度,物联网的技术范围也突破了RFID,扩展到物与物之间的信息互联。全球物联网产业市场规模呈快速上升之势,从2013年的1.9万亿美元上升至2016年的3.2万亿美元。物联网产业的发展与可用连接数密切相关,当前全球可用连接数约为90亿,其中物联网的连接数不到一半。预计到2020年,全球连接数将达到260亿(其中智能手机90亿,可穿戴设备100亿,M2M[1]连接70亿),潜在市场规模将超过7万亿美元。物联网产业进入全球全面竞争时代。

物联网也早已引起中国各界的关注。2009年,无锡建立了"感知中国"研究中心;2012年,工信部制定了《物联网"十二五"发展规划》,提出重点培养物联网产业10个聚集区和100个骨干企业,实现产业链上下游企业的汇集和产业资源整合,2012年也因此成为中国物联网元年。我国物联网产业空间格局已经形成分别以北京、上海、深圳、重庆为核心的环渤海、长三角、珠三角、中西部地区四大产业集聚区。由于我国拥有全球最大的电子消费市场与工业规模,物联网在我国有着光明的前景。2014年我国物联网产业的市场规模达到6000亿元人民币,预计到2018年将达到1.5万亿元人民币,年复合增长率超过25%。中国正成为世界物联产业的一支重要力量。

---

[1] M2M是Machine-to-Machine/Man的简称,以无线接入等通信手段接入机器,建立起各终端之间的交互及网络应用与服务。

二、物联网的应用

为什么物联网会上升到国家战略层面？这就需要进一步了解其应用领域与范围。物联网涵盖了国民经济的方方面面，其中9个主要应用领域市场产值最大，分别为：智能汽车，包括无人驾驶与车联网等；智慧城市，包括公共健康与交通运输等；智慧物流，包括智慧运输与商业导航等；智能护理，包括辅助健康与健身等；智慧办公，包括运营最优化与运营安全等；智慧零售，包括自动结账等；智慧工厂，包括智能操作与设备最佳化等；智慧能源，包括能源互联网等；智慧家庭，包括家事自动化与家庭安全等。

物联网服务对象可划分为政府、企业、消费者三类，并围绕这三类不同群体衍生出多样化应用，创造巨大社会价值。

1. 政府应用：公共资源管理、智能交通、平安城市、智慧政务等。可以帮助政府解决日益严峻的能源消耗、环境污染、城市安全问题，智能交通、智能抄表、智能路灯等涉及城市生活方面的相关应用将是发展重点。

2. 企业应用：工业物联网、机器学习和人工智能等。将设备连接到云端进行统一管理，并从生产制造、物流、销售、售后数据中寻找提升运营效率、降低成本、提升销量等重要商业问题的解决办法。突出的代表是美国通用公司的 Predix 系统。例如，春秋航空通过使用 GE 的远程诊断探测，年节省维修费用超过 21 万美元，并且避免了数次计划外的发动机拆卸和停飞待用；风力涡轮机制造商 Vestas 通过对天气数据及客户涡轮仪表采集的数据进行交叉分析，可及时对风力涡轮机布局进行改善，从而增加了风力涡轮机的电力输出水平，延长了服务期限。

3. 消费者应用：车联网、可穿戴设备、智能家居和复杂娱乐等。当下车联网以导航、远程信息采集、车载系统升级为主。未来随着车载娱乐系统、ADAS（高级驾驶辅助系统）、无人驾驶的普及，车载智能硬件有望实现联网一体化管理。而在智慧社区和智能家居领域，平安社区和平安家庭有望率先取得突破。原有小区视频监控系统可扩展为物联网平台，结合家庭传感器、可穿戴设备、社区出入口管理系统，为现代化的社区管理提供基础设施解决方案。在发生非法入侵、火灾、燃气泄漏等异常情况时，智能传感器会发出报警信号，并通过家庭中心将信号传至小区物业管理中心、报警中心和居民手机上，通知安保人员及时赶到现场处理。

从物联网可应用领域来看，它与传统意义上的互联网有着巨大的不同。过去将人接入互联网，更多的是服务互联，且多聚焦在消费领域；物联网则是将万物接入互联网，结合大数据、云计算、人工智能等技术，将推动社会走向智能化，这也是物联网引起普遍重视的重要原因。

三、物联网的结构与功能划分

要进一步了解物联网，就需要了解其结构与功能划分，及其对产业结构和产业投资的意义。物联网由感知层、网络层和应用层3大领域组成：

1. 感知层：数据采集部分，是物联网的感知系统。它包括信息感知、识别物体采集信息，是物联网识别物体和信息的来源，也是其上游产业。感知层由各种半导体传感设备及其网络网格组成，由传感器、条形码、射频识别标签及卫星定位系统等构成其感知终端。感知层是一个竞争性领域，各行业物联网模式应用方式的不同，使得对传感器和终端设备的需求差别较大，这也对产品生产提出了较高的要求。

2. 网络层：物联网的神经网络，用以传输数据。通过实现物联网数据的传输和处理感知层获取的信息，形成物联网的中游产业。物联网所包括的网络有互联网、局域网、城域网、外网、网络系统平台等。网络层属于寡头竞争的垄断性领域，其垄断性不仅体现在建设过程，还体现在运营环节中不同程度的垄断。

3. 应用层：形成服务化的过程。作为物联网的应用体系，它的主要作用是把物联网和终端连接起来，实现真正意义上的虚拟世界与物理世界的无缝连接，达到名副其实的物物相连世界，是物联网的下游产业。这一领域主要面向中小企业、家庭及个人服务，包括多样化的服务模式和个性化服务方式，用户的需求多具有分散性、个人性，因此该领域物联网应用差别较大，服务市场细分程度较高。

四、物联网推动传统产业转型升级

随着中国经济进入新常态，传统企业的转型升级压力巨大，而物联网为传统企业的转型升级提供了巨大的可能性，具有乘数效应，简称"物联网×"。

从"互联网+"到"物联网×"，将引发传统产业颠覆性变革。"互联网+"主要解决的是传统行业流通领域信息不对称的问题，可降低交易成本，提高效率，但"互联网+"是面向虚拟世界的，解决不了实体世界存在的问题。"物联网×"面向实体世界，是对传统行业信息系统和物理系统深度融合的颠覆性变革，将为各行业带来更加深刻、更加广泛的乘数效应。

物联网技术在传统产业中的应用，是改造提升传统产业，提高农业、工业和服务业信息化水平，促进发展方式转变的重要手段。对于传统企业，可将物联网技术应用集成至自身产品中，以实现产品升级，提升附加值与竞争力，产生更多市场与物联网产业相关的延伸产业。

同时，传统产业需要物联网改造的另一个原因，是传统产业的企业商业模式同质化现象严重，而现在用户之间的需求差异越来越大，用物联网进行改造，公司和产品的价值就能充分发挥。

物联网帮助传统企业转型主要体现在几个方面：一是从传统的生产、制造转向服务，比较典型的案例是广东美的集团，现在美的除了生产、制造，还搭建了物联网平台，利用这些数据进行研发改进；二是将传统服务升级为新兴服务，比如一家智慧交通公司从卖软件转向利用大数据进行开发，提供增值服务；三是利用物联网平台整合各产业，比如一家农业企业"猪连网+"，让养猪户在养殖过程中就可以远程诊断，规模大到一定程度之后还建立了一个专业大数据的交易平台。

同时，推动物联网的驱动力主要来自于当前有一些传统产业的智能化升级，以及规模化消费升级兴起。传统的产业智能化升级，主要体现在当前各国都在利用物联网升级工业和制造业来提升竞争优势上。

"物联网×"投资形成物联网投资新模式，产融结合，对传统产业进行技术改造、模式再造和品牌注入，改变传统企业的商业模式，为其开辟新的增值业务，带来新的利润增长点，有效提高利润率，为企业业务的规范与扩大带来更多的机遇，吸引更多的投资者，大大提升被投资企业的价值。同时产融深度融合，为被投资企业提供物联网金融服务，搭建银企间合作的桥梁，大大提升企业融资效率，利用物联网技术手段和金融手段促进传统产业转型升级。

物联网还可帮助传统企业解决通过互联网平台销售过程中的人为贩卖假货的问题。在销售上，物联网可以保证产品从生产到销售整个环节都是同一个产品，在中间不会调包、不会作假，从而保证了产品质量。

我们来看一个典型的物联网对传统产业改造的案例：有个团队花了 800 万元收购了无锡一家做安防的企业，用物联网进行改造，让传统的事后追踪安防变成物联网事前预警，对物产全程无遗漏安全监管。该公司改造后经营了 13 个月的估值为 5.5 亿元人民币，翻了 70 倍。之后，公司又通过和银行、金融机构合作，全面推进物联网动产经营，仅花了两年时间，估值便从 5.5 亿元人民币增长到 200 亿元人民币。

面对物联网产业广阔的发展前景，国际、国内资本纷纷加速物联网的产业布局。2016 年 7 月中旬，知名风险投资公司日本软银宣布斥资 234 亿英镑（约合 2034 亿元人民币）现金收购英国芯片设计公司 ARM，体现出国际资本对物联网这一产业的看好。物联网时代，基于 ARM 的芯片具备低功耗等特点，ARM 公司将成为最佳的芯片架构方案提供商，由于 ARM 采用授权方式建立生态且不参与芯片制造，从而将成为物联网时代的芯片 IP 实际垄断者。

另外，楚天高速、实达集团等传统行业的国内上市公司也抢滩布局物联网领域。2016 年 7 月，楚天高速定增并购三木智能 100% 股权，切入物联网终端应用；实达集团拟定增收购中科融通 91.11% 股权，切入物联网平台业务。其中，三木智能主要产品包括移动智能终端的平板电脑与智能手机，物联网应用终端的车联网应用通信模块、智能手表与智慧医疗多参仪 PAD 板组件等，均实现了营业额和利润的巨大增长。

虽然物联网发展总体趋好,但是我国物联网的发展也面临很多挑战:一是物联网的核心传感器产业比较薄弱;二是行业当中深度的应用面临不少障碍,不仅是技术方面,还有对行业的理解和对行业政策的熟悉程度方面;三是以平台为核心构建的产业生态将面临更为严峻的国际竞争;四是行业标准在推动产业链协同发展方面的作用还不太突出;五是新兴起的边缘计算会带来一些新的产业机遇,需要进一步做一些前瞻性的工作;六是物联网的安全保障能力还需要进一步提升。

挑战同时意味着机会,用物联网技术改造传统产业,赋能于实体企业,将使产品研发更智能,产品更聪明,工厂更智慧,服务更智能。在当下"去虚向实"的经济环境中,物联网的发展更具有特殊的意义,在传统产业转型升级中,物联网比互联网更接地气,也受到了更多企业家与投资人的关注。

第四辑

商业模式：企业赢在起跑线上的秘诀

第二十一章 > 为什么中国公司主要商业模式是追随型

改革开放带来的是民营企业和企业家阶层的崛起。在改革开放之前，民营企业属于"资本主义的尾巴"，是被铲除的对象；改革开放后，民营企业如雨后春笋般出现，经过大浪淘沙般的残酷竞争，现在有一大批优秀民营企业和民营企业家活跃在国内乃至世界经济的舞台上。

仔细分析可以发现，中国企业基本都采用模仿追随型的商业模式。模仿追随，对传统产业来说是技术上的模仿，而对于互联网企业，则只是商业模式的一种选择。几乎每一个风头正劲的国内民营企业，都在国外（尤其是美国）找得到对应的公司。

从技术上来看，现在引以为傲的高铁、核电、隧道、桥梁等技术，最初都是模仿国外。从商业模式上来看，阿里巴巴是全球最大的购物平台，它其实是雅虎的复制品；淘宝是 eBay 在中国的复制；支付宝源于 PayPal；百度源于谷歌；豆瓣源于亚马逊书评；新浪微博源于 Twitter；携程源于 Priceline；滴滴打车源自 Uber。腾讯从模仿 ICQ（MSN）推出自己的第一款产品 OICQ 开始，就埋下了自己的"模仿基因"——先是从韩国引入了 QQ 秀和其他一系列增值服务，又模仿新浪建起了门户网站；在网游领域，学联众开发平台，跟着盛大引进国外网游，随着网易自主研发；旗下的微信是对Kik的跟进；跟进布局的C2C电子商务网站拍拍，以及第三方支付财付通，无一不是"山寨货"。

有趣的是，中国这些靠模仿起家的企业，很多都已经超越了自己的模仿对象，而被模仿对象在国内市场规模多半缩减，有些甚至已经销声匿迹，互联网企业尤为明显。阿里巴巴现在市值已经超过4700亿美元（2017年10月数据），而雅虎只有40亿美元；淘宝在创立不久就把eBay赶出中国；腾讯更是模仿起家，其市值已经超过了2万亿港元。

目前，世界上十大互联网公司，中国占据其中四席，分别是阿里巴巴、腾讯、百度、京东。如果仅仅是模仿而没有创新，中国企业是不可能取得如此巨大的成就的。

从自身角度来看，中国企业模仿追随模式的成功基于以下几点理由：

1. 从文化传统来看，儒家思想塑造了中国历史文化的内核，大一统的中央集权体制导致了国内人才大都缺乏创新能力，尤其是创新思维能力。

2. 中国历史上历来重农轻商，1949年后又实行计划经济，对民营企业当作"资本主义的尾巴"来割，大大压制了民营企业的发展；而世界上主要发达国家一直实行市场经济，政治比较稳定，政策有连续性，为企业的发展提供了良好的环境。

3. 中国本身对知识产权不太重视，而且国外已经有成熟的商业模式，减少了试错成本，可直接借鉴，属于鲁迅先生所说的"拿来主义"。

4.任何一种成功的商业模式,与中国巨大的人口基数和消费市场相结合,就会爆发出无穷的力量。

事实上,不管是技术还是商业模式,大多数中国企业引进后并没有一味模仿抄袭,而是先模仿后创新,都实现了一定程度的创新,并实现了获利。

第二十二章 > 为什么阿里、腾讯等国内大公司的投资方都是外资

大家都知道阿里巴巴的最大股东是软银资本，第二大股东是雅虎，但知道腾讯大股东的人可能不多。腾讯的大股东是南非报业集团，它的股份是从李嘉诚的小儿子，盈科数码的李泽楷手上购买的（如果李泽楷现在还持有腾讯股份，那么他的资产将超过他父亲李嘉诚），属于外资；百度的大股东是美国德丰杰基金；京东的初期投资人也是美元基金——今日资本（目前腾讯成为其最大股东），京东实际上也是被外资控制的。

这是一件很有意思的事情，现在国内这些叱咤风云的公司都是外资投资的，而没有国内的投资人投资。难道中国投资人的眼光都很差吗？

这还要从资本市场谈起。投资人的资金都是募集的，一定的期限内必须退出，把投资本金和利润还给投资人，所以到时必须退出，退出的通道主要是在沪深证券交易所上市。

现在我们简单介绍一下投资流程。整个投资流程实际上是一个准闭环（见图22-1）：

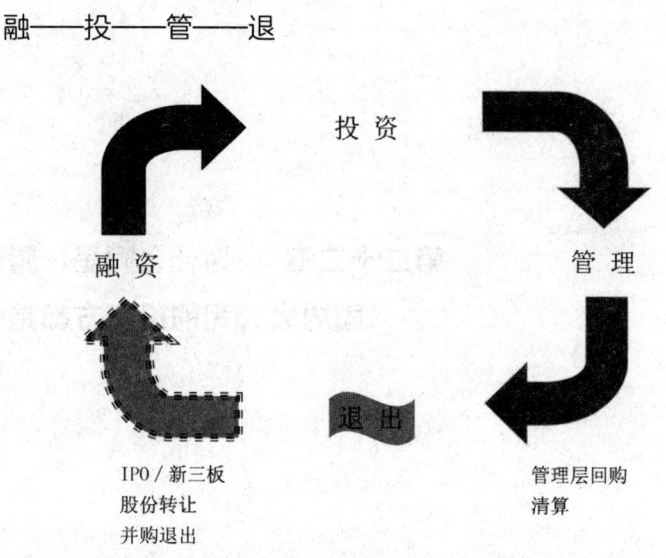

图 22-1 资本市场投资流程

如果投资机构顺利退出，并且给投资人创造了丰厚的利润，一般投资人会继续投资该公司，甚至会追加投资；如果投资不顺利，投资人以后便不会再对其投资，所以投资流程是一个准闭环。

我国证券市场起步于 20 世纪 90 年代初，那时只有主板市场，没有后来的中小板、创业板，更没有新三板。主板市场对于拟上市公司的要求是很严格的，必须达到一定的利润、一定的营业额，有一定的净资产，并且有一定的负债比例。国际上的证券市场都是市场经济高度发展的产物，而我国的证券市场，是在向国际社会表明我国继续坚持改革开放的决心。证券交易所的职能起初是定位在"为国有企业解困服务"，实行的是"额度制"，即把股票发行总额度按照省市区和国家部委分配下去，只要分配到额度的企业就可以上市。而业绩又有其操作手段，即把一个有额度的公司分拆成一家集团公司和一家股份公司，把盈利性资产留在股份公司，进行三年财务报表模拟计算，非盈利性资产，如学校、医院和辅助设备等放到集团公司。集团公司是股份公司大股东，靠股权收益生存。往往在一个公司上市的背后，一个亏损企业随之诞生，我亲自负责和参与上市的江淮动力、包钢股份、新安股份等上市公司无一例外。

互联网企业大多是民营企业，诞生于20世纪90年代末，2001年互联网泡沫破裂之前。当时的互联网企业，没有资产，当然也没有银行负债；没有利润，自然也就无法在中国的证券市场上市。按照资本投资的逻辑，如果没有退出通道，当然也就不会对企业投资。

外资投资机构则不同，轻资产、高成长性的企业是以美国为代表的国际证券市场所欢迎的，因此外资机构投资了阿里、腾讯、新浪等国内互联网公司，按照投资的逻辑，这些公司也就只能选择在国外上市。

但中国是个外汇管制国家，在资本项目下一直实行金融管制，要去境外上市，只能采用VIE结构，因为新浪网在美国上市最先采用这种模式，所以又称为"新浪模式"。境外母公司通过与子公司签订一系列关于资产、经营决策权等方面的协议，对其实施实质上的控制，而不是通过直接持有境内子公司的股权成为控股股东的方式达到控制目的。境内实际经营的公司通过服务费等形式将经济利益输送到境外实施控制的实体。

VIE结构为中国一些新兴产业的发展做出了巨大的贡献，因为国内资本市场不允许没有或净资产太少，甚至负利润的企业上市，这样一来，以互联网为代表的新兴产业就因为资产方面的先天缺陷而无法在国内上市。在中国证券监管层的"默许"下，这一结构的使用弥补了中国境内上市以净利润论英雄的缺陷，不少互联网企业得以发展起来，阿里巴巴、腾讯、百度、京东四家中国企业，更是跻身世界十大互联网上市公司之列。除了腾讯在香港上市外，其他几家公司都在美国上市，投资人也从中获得了丰厚的回报。

第二十三章 > 品牌的价值可以有多大

我有位同学,十几年前曾在著名国内服装领军企业——宁波杉杉集团担任厂长。某一款杉杉品牌西服,售价600元人民币,而同一件西服,贴上合作伙伴某意大利品牌标签,售价便涨到1万元人民币。这600元人民币,包括西装的面料成本,工人工资,工厂的土地成本,机器折旧,水、电、煤等的消耗,以及一些利润;而1万元减去600元的9400元,则全部是利润,这9400元来自于品牌的附加值。这个例子充分说明了品牌的重要性。

类似的例子不胜枚举。我曾慕名去北京全聚德烤鸭店消费。全聚德的烤鸭108元一只,而其隔壁的烤鸭店每只烤鸭只卖30多元,经过询问,得知烤鸭的大小、品种是一样的,但全聚德门庭若市,旁边的烤鸭店却门可罗雀。美国著名体育品牌耐克的代加工地主要是中国、越南、印度尼西亚等地,福建晋江的匹克、361°等都是其代工厂,很多人知道这一点,但人们还是要去美国买耐克鞋,而如果买到标签是"Made in China(中国制造)"的鞋子还暗自高兴,因为"Made in China"比"Made in Vietnam(越南制造)"或者"Made in Indonesia(印度尼西亚制造)"质量要好。

企业最重要的无形资产是品牌，品牌的英文为"Branding"，直译为"烙印"，深深地烙印在你心中。品牌的核心价值是品质，它让消费者明确、清晰地识别并记住品牌的利益点与个性，是让消费者认同、喜欢乃至爱上一个品牌的推动力量。核心价值是品牌的终极追求，是一个品牌营销传播活动的原点，企业的一切价值活动都要围绕品牌核心价值而展开，这有利于对品牌核心价值的体现与演绎，并丰满和强化品牌核心价值。品牌核心价值一旦确定后，要以水滴石穿的定力加以维护，十年、二十年，乃至上百年的品牌建设过程中，始终不渝地坚持这个核心价值。在漫长的岁月中，不被风吹草动所干扰，让品牌的每一次营销活动、每一分广告费都为品牌做加法，起到向消费者传达核心价值或提示消费者联想到核心价值的作用。久而久之，核心价值就会在消费者大脑中烙下深深的烙印，并成为品牌最富有感染力的内涵。说到这里，我们不免会联想到近年来很流行的"工匠精神"一词。

说到工匠精神，大家首先会想到的是瑞士的钟表、俄罗斯的望远镜、德国的汽车、日本的马桶，但能想到的中国产品却非常少。

反观欧洲，那些做服装、包、名表，造名车游艇的企业，哪个没有超过50年甚至100年以上的历史？这类企业品牌用了几代人的时间来守护，才打造出闻名世界的品牌。对消费者来说，一个包卖几十万，一只表卖几百万，一辆名车卖上千万，一艘游艇卖上亿，值吗？当然值得，一个百年品牌卖你这个价格，那是物超所值，首先是质量上的超值，其次一个企业能够经营上百年，说明是一个非常值得信赖的品牌。很多人简单地将名牌理解为奢侈品，这是肤浅的想法。

国外曾流传着一个段子。一位母亲问孩子："上帝住在哪里？"

孩子答道："既然上帝创造了万物，他一定住在中国。因为所有东西，不管好坏都是'中国制造'。"这折射出的现实是，一方面，中国制造在全球市场具有极高的占有率，但另一方面，部分中国制造在全球消费者的印象中质量很一般，许多中国人本身也更喜欢外国货。

这两年来，中国实体消费市场比较低迷。有报道指出，国人到日本爆买的产品很多其实是中国产的，最著名的是马桶，却丝毫未浇灭国人到日本扫货的热情。这映衬出某种尴尬：因为工匠精神的匮乏与廉价低质的刻板印象，中国制造业正在不断丧失本国的消费群体。

随着中国经济的崛起，人们物质生活水平的提高，以及数量庞大的中产阶层的出现，中国人的消费结构、消费习惯发生了根本性的变化。40年前，国家处于物资短缺的时代，很多物品还需要票证（粮票、油票、布票、肥皂票等），大家都图个廉价实用，只要能够满足基本需求即可；但改革开放40年后的今天，中国社会早已是物资过剩，消费者在消费时，价格已不是最重要的考量因素，人们更在乎的是产品的附加值：创意、技术含金量、人文关怀，还有参与感。

只可惜，中国的制造业结构不均衡，以工匠精神为特色的中高端制造业产能严重不足，大家口袋里有钱，却买不到满意的产品，中高端消费市场也就长期被欧美、日韩等国垄断。

追求精益求精、质量至上的工匠精神是制造业的灵魂，必须把工匠精神与创新精神作为强国战略的两大支柱。唯有如此，才能实现中国制造向中国创造的转变，中国速度向中国质量的转变，中国产品向中国品牌的转变，才能完成中国制造由大变强的战略任务。

现在的很多连锁企业，就是先做大做强品牌，然后通过品牌的加盟，迅速占领和扩大市场。

服装界著名的品牌ZARA，聚集了几千个优秀的设计师，时尚设计和快速反应是其成功的关键因素，从设计师开始设计到产品铺到全球各地的店铺只需短短两周。2016年，ZARA母公司Inditex SA股价整体飙升32%，其CEO Amancio Ortega（阿曼西奥·奥特加）不但持续霸占全球时尚首富宝座，还曾两次成为全球首富。

随着中国中产阶层的出现，越来越多的人愿意为品牌付钱，他们选择产品的时候并不在乎钱，而在乎品牌。品牌意味着品质、意味着信用、意味着高附加值，今后的投资中对品牌价值高的企业投资将会大大增加。

第二十四章 > 为什么说星巴克已经成为一种生活方式

2016年6月我去杭州出差,一天共见了四批人,都是对方约的见面会谈地点。第一批人约在了西湖天地的星巴克,第二批人约在了城西银泰星巴克,第三批人约在了西湖文化广场的星巴克。与最后一批人见面时已经是晚上了,约的地方是在延安路银泰的星巴克。特地把这件事情拿出来说的原因是,我那一天只约见了四批人,没有再约过其他人;而这四批人又毫不认识,互不相干,却都不约而同地将面谈地点选在了星巴克。更为神奇的是,我在上海和别的城市也遇到过类似的事情,星巴克俨然已经成为生活、工作中不可或缺的场所。这不禁引起我的思考:为什么星巴克会成为人们(至少是城市人)生活的一部分?按照星巴克董事长霍华德·舒尔茨(Howard Schultz)的说法,他要把星巴克打造成为除了家和办公室以外最常去的地方,即"第三空间"。这引起了我对星巴克发展史的兴趣。

1971年3月31日,星巴克在西雅图派克市场成立第一家店,开始经营咖啡豆业务,其创始人是两名教师和一名作家,星巴克一开始的定位是高端咖啡店。到1986年,星巴克仅开出6家分店,同

年,星巴克才开始现场制作意式浓缩咖啡。次年,创始人把品牌卖给了舒尔茨。舒尔茨并非星巴克的创始人,但如果没有舒尔茨,星巴克现在可能和满大街的咖啡品牌没有任何区别。

舒尔茨并非含着金钥匙出生的富二代,他出生在纽约贫民区的犹太人家庭,童年和少年时期都过得非常窘迫。他长着犹太人常见的大鼻子和宽阔的额头,不帅,但是看起来很精明。小时候,他对家的记忆就是狭小的空间、肮脏的地面、破旧的小床,以及不时从头顶轰轰而过的飞机。在这样的恶劣环境下,舒尔茨形成了强悍的性格,即使在父亲出事故脚踝断了,全家失去经济收入的时候,他也未曾感到恐惧和自卑。

橄榄球让舒尔茨的人生发生了第一次重大的转变。就在他为大学筹备入学金而四处想办法时,北密歇根大学的野猫球队看中了他的橄榄球技,他也因此获得了大笔奖学金。大学期间,舒尔茨意识到橄榄球并不是自己未来的方向,于是将全部的精力放在了学习上。大学毕业后,他进入了著名的施乐驻纽约分公司,成为一名出色的销售员。到1982年他28岁时,舒尔茨的年薪已经高达7.5万美元,这在当时是绝对的高薪。

也就在这一年,舒尔茨放弃了高薪,加入当时规模并不大的星巴克,并担任市场和零售总监,他看好这个无论穷人还是富人都能消费得起的巨大市场。1987年,舒尔茨收购星巴克,并开出第一家销售滴滤咖啡和浓缩咖啡饮料的门店。1992年,星巴克在纽约纳斯达克成功上市,从此进入一个新的发展阶段。

自舒尔茨担任总裁以来,星巴克真正走上了发展的快车道,但星巴克从来不打广告,靠的是口口相传,在20年时间里一跃成为全球最大的连锁咖啡集团。其品牌已经成功进入72个国家,包括埃及、越南、中国、沙特阿拉伯、俄罗斯和芬兰等国家,其飞速发展的传奇让全球瞩目。2017 年 7 月,星巴克宣布以 13 亿美元(约合人民币 87.59 亿元)收购星巴克华东的剩余 50% 股份,完成该收购后,星巴克将取得上海、浙江、江苏三地共 1300 多家星巴克门店 100% 的所有权(此前,统一集团与星巴克在大陆市场的经营合作已经十几年,统一集团在中国大陆拥有星巴克江浙沪区域的经营权)。星巴克方面表示,全面直营管理整个星巴克中国大陆市场,以实现到 2021 年将门店数从目前的 2800 家发展至 5000 家的目标。

随着星巴克的迅速发展,舒尔茨也成为大富豪。但即便成为富豪,舒尔茨也并不注重打扮,除非出席重要场合,否则,白衬衣和牛仔裤就是他日常的搭配。他常常到星巴克的店面巡视,还挽起衣袖帮顾客泡咖啡,像个爱玩的大孩子。他的个人风格,也极大影响了星巴克的风格。

星巴克之所以取得极大的成功,是因为它的掌舵人首先考虑的并不是短期回报、盈亏平衡等一般创业者或者投资人考虑的首要问题,而是实践一种前所未有的投资理念:将咖啡馆打造成社交场所。星巴克开创了一种独特的零售体验,怡人、舒适、轻松,让顾客向往并吸引其一再光顾。在星巴克的店里,有舒适的座椅、无线网络,音乐也可自己选择。星巴克早在 2001 年(当时互联网还远没有在公共场所普及)就开始提供无线上网服务,以让学生、出差的商业人士、网上冲浪者在品尝心爱的咖啡时还能上网,使其有更愉悦的体验。

现在对于美国乃至全球许多年轻人来说,"星巴克"早已不仅仅是一杯咖啡,而是一种流行生活方式。人们不会仅仅因为星巴克的咖啡好喝而跑到那儿去,因为口味好的咖啡店太多了。除了好喝,星巴克更把悠闲、快捷、温馨的咖啡文化注入了美国人和世界各地消费者的生活中。

细心的人可以发现，即使在星巴克附近还有别的咖啡馆，那些咖啡馆的顾客也远远没有星巴克多。我多次发现星巴克人满为患，而附近的咖啡馆冷冷清清的现象。

星巴克带来了无数的热爱、关心和社群，是一种交流，一种时尚，一种生活方式的变革，尤其在中国，去星巴克的人基本上是对生活品质有需求的人，或者是有生活品质的人。而且你看到的是很多同类的人在这里进行交流、进行分享。曾经有过一个争论，就是在国内人均收入不到美国五分之一的情况下，何以国内的星巴克同样咖啡的售价比美国贵？当时星巴克的回复是因为国内客人在星巴克的平均停留时间比美国长。现在看来，这个理由是成立的。麦当劳、肯德基初入中国之后的十几年内，在店内写作业和学习的人特别多，而现在星巴克已经成为学习人群的新宠。

星巴克的成功从数据可见一斑：在全球零售业持续不景气的大背景下，星巴克2016财政年度全年净收入上涨11%，达213亿美元，营业利润增长16%，达42亿美元。2017财年第二季度星巴克的销售额、综合净收入、综合营业收入和利润率等都呈现了3%到17%左右的同比增长。在过去30年里，星巴克实现了年均41%的复合式增长，它在全球连锁咖啡市场份额中的占比，达到了惊人的40%。星巴克的市值从1992年上市时的只有2.5亿美元增加到2017年的792亿美元（2017年10月9日数据）。

当一家公司与人们的生活方式结合在一起，它就已经不再是单纯的公司，它还引领了一个行业，想不赚钱也难。

在30多年前国门刚打开的时候，肯德基、麦当劳进入了国内，刮起了一阵旋风，冲击了几千年文化影响下烦琐的中餐风俗，肯德基、麦当劳不仅引领了当时的快餐业，同样也引领了快节奏的生活方式，成为国人尤其是小孩子们的最爱，很多孩子在消费洋快餐的同时，还会把作业带到店里做。

苹果手机也是引领了一个行业的趋势。苹果公司从1976年开发出了Apple I 电脑后，一直辉煌到1984年Mac的诞生。由于苹果当年连续推出失败产品，1985年乔布斯被逐出苹果。1993年苹果电脑的美国市场份额已经从20%下滑到5%。1997年乔布斯回归后，苹果潜心研发产品，2001年苹果推出了Mac OS X操作系统，同年推出了iPod数字音乐播放器，并推出了iTunes付费音乐下载平台，因酷炫时尚的造型和全新的用户体验，苹果企业重回市场巅峰。乔布斯说："消费者并不知道自己需要什么，直到我们拿出自己的产品，他们就发现，这是我要的东西。" 2006年，苹果推出了iPhone，开启了智能手机的新时代。苹果手机所创造的需求逐渐在人们的生活中占据越来越重要的位置，可以说，苹果手机开启了移动终端的变革。时至今日，苹果手机依然走在人们需求的前沿，苹果手机每一款新品发售，都会吸引全世界的目光，苹果手机已经不仅仅是一款手机，而已经成为时尚、潮流的代名词，对产品、功能的极致追求，使世界各地数以亿计的人成为苹果粉丝。每当苹果新款发布，"果粉"们都会花高价购买发布会的票去现场聆听苹果的CEO给大家介绍新产品的特点；当苹果新款发售时，果粉们会在专卖店外排起长队。我曾经在纽约、旧金山等地亲眼看到过如此壮观的场面。其实苹果手机90%在中国加工，市售价500美元的苹果手机，苹果公司和全球经销商拿走了利润的大部分：苹果公司拿走161美元，全球经销商拿走160美元，零配件供应商拿走172.5美元，中国加工企业仅拿走6.5美元加工费。目前苹果已成为全球市值最高的公司。

再看几个国内的例子。

方便面曾经在餐饮业不发达的年代风靡一时，几乎人人都有吃方便面的经历。虽然方便面在口味上有很大的限制，在健康营养方面也有较大的缺陷，但其便利性渗透进了人们的出行、工作和生活中，这也使得生产方便面的台湾食品企业"统一""康师傅"等公司营业额惊人。随着生活水平的提高，人们除了对食物的便利性有要求外，开始产生了对食物新鲜度、口味、口感和健康的更高需求，"饿了么"和"美团"等企业的大力推进，解决了现加工食物的便利性问题，使得国内外卖量大幅增加，曾经风光无限的方便面销量大大下降。同时，外卖企业对于人们的办公和休闲方式的改变非常大，足不出户就在家享受美食的人越来越多。

王健林的万达原来深耕在大连，随着生活水平的提高，原来占市场主要方式的百货商业业态已经不能满足人们的需求，而万达引入了国外 Shopping Mall 的模式，改变了国内百货的业态，除了传统的购物业态，还引入了大面积的休闲娱乐业态，由原有的单一购物消费方式变成购物休闲娱乐一站式的消费方式。虽然可供出租的面积变少，但由于增加了客户的逗留时间，商铺的单店营业额反而大大提高。大连万达通过对此模式的快速复制，从一家地方性的房地产开发商成为全国数一数二的商业地产商和内容创造商。

所以，无论创业还是投资，公司的业务一旦领引了人们的生活方式，顺应了时代潮流，赚钱就成了顺理成章的事情了。

第二十五章 > 打破边界,麦当劳靠商业地产赚钱

麦当劳是国际知名的大型连锁快餐集团,在中国可谓家喻户晓,是孩子们的最爱。它在全世界拥有大约 3 万家分店,主要售卖汉堡包、薯条、炸鸡、汽水、沙拉等。但如果你认为它的利润来源于卖汉堡包、薯条这些食品,那就大错特错了。麦当劳的主打产品当然是它的汉堡。但做一个汉堡要用最好的牛肉、最好的面包,才会有最佳的口感,考虑到较高的原料成本、房租、人员费用、推广费用等,麦当劳的汉堡其实并不怎么赚钱。那么,麦当劳到底靠什么赚钱呢?

麦当劳表面上是卖汉堡包和薯条的,但它主要依靠"特许经营+商业地产"的运作模式获得利润。

麦当劳首先通过它的供应链赚钱。麦当劳通过集中采购,把全球几万家店用的牛肉、面粉、土豆等集中采购过来,集中采购大大降低了成本,提高了效率,它的利润空间也就出来了。但麦当劳供应链的高明之处远远不止如此,若只是做到了集中采购,那它就不是今天的麦当劳,而仅仅是家普通的快餐连锁公司。麦当劳不仅通过集中采购来获取稳定的利润,同时还积极地参与到供应链的改造之中,通过改造供应链来降低成本,从而获取更大的收益。

但是只有供应链的利润，还不能让麦当劳形成今天在快餐业如此明显的竞争优势。实际上，麦当劳还是一家特殊的房地产公司。麦当劳公司负责代加盟商寻找合适的开店地址，并购进土地和房屋或长期承租，然后将店面出租给各加盟店，赚取差额。这部分利润才是麦当劳公司收入的主要来源。麦当劳房地产公司（为实施房地产策略而成立的公司）用各加盟店的钱买下房地产，然后再把它租给出钱的加盟店。在美国上万家店铺中，麦当劳持有60%店铺的土地所有权，剩下40%店铺则是由总部出面向房地产商承租。这种房地产经营策略，实际上是把第一债权人的权利转让给了麦当劳房地产公司，使它具备从银行获得贷款的资格。这既解决了加盟者开店的资金问题，又增加了麦当劳公司的收入；同时通过控制房地产，更有利于麦当劳加强对受许人的管理。麦当劳收入的1/3来自直营店，其余来自加盟店，其中，房地产收入占来自加盟店收入的90%。它不仅有专业的选址能力，还能通过建立麦当劳的餐饮文化形成行业商圈。通过商圈，不断拉动海量的人流量来到麦当劳及它附近的商区。这种做法就会主动、直接地推动房地产价格的提高。从这个角度来讲，麦当劳表面上是一个以汉堡为主的快餐企业，但它的本质、核心的盈利来源却是房地产，它是全世界最大的点状房地产开发商。

管理大师彼得·德鲁克说过："当今企业之间的竞争，不是产品之间的竞争，而是商业模式之间的竞争。"纵向化发展模式不是做企业，而是做行业。麦当劳利用特许经营模式获得资金，不是向产品要利润，而是通过物流、信息化、种植等领域的技术控制把自己推向价值链顶端，形成整个行业链，其企业文化的影响力已经让同类企业难以超越。如今跨界企业流行，麦当劳可能就是鼻祖。

再来看一个有情怀的跨界案例。

在大家的印象里，书店只是卖书的，而在如今的互联网时代，实体书店是很难赚钱的。但如果大家去过台湾台北市核心地段——101大厦旁的信义诚品书店，可能就会改变这种印象。在其他书店纷纷关门的时候，诚品为什么能一枝独秀？

大多数去诚品的人，都会把逛诚品当成一种享受，享受别样的气氛，确实不见得是纯粹为了买书去的。诚品创始人吴清友曾强调，诚品不只是书的交易场所。

诚品所代表的，已经远远不止是一家书店，还包括商场、零售、餐饮、品酒、文化活动等一系列载体。吴清友一直想创造一个高档的消费环境，而对普通的消费者来说，到诚品购物，确实会感觉自己又上了一个档次，"我在诚品"绝对比"我在太平洋百货"让人听得舒服。现在每年有1.2亿人次消费者造访诚品，诚品成为全世界人流量最大的书店。

诚品是一个可以"让人体验生活美学的创意生活空间"。诚品以前只做书店时，服务对象很简单，只专注于高级知识分子，但现在它转为复合形态经营，顾客来源变得多样化，从学者到家庭主妇都有。诚品一天的租金就高达20万元新台币（1新台币约合0.22元人民币），一年下来就是7300万元新台币，这是连大集团公司都很难承受的开销。为减轻租金压力，诚品书店的做法是，自己当"二房东"，除了书店本身的1万平方米之外，剩下的3万平方米作为商场，全都租出去给其他品牌。诚品每年还举办500场演讲与展览，且多数不收费。在台湾的台东、宜兰、屏东等偏远乡镇，诚品书店还做了好多部移动书车，开到山里头，让偏远地方的小朋友也有书可看。

诚品应该与北京的三里屯太古里、上海的港汇广场等一流商圈的购物中心相提并论,它们才是同一个量级的比较对象。因为诚品成功的关键,就是汇聚人气。好比一个新网站,势必要冲出流量,才能讨论如何运营商业模式与盈利,现在的诚品,就是人潮的同义词。在台湾的任何一个城市开发新商圈,要招来人潮的话,第一个想到的招商对象就是诚品。

由于诚品是人潮的代名词,时尚精品、高端餐厅,全都乐于与诚品作伴。商场是一个娱乐环境,书店却是文化环境,可以直白地说,诚品的"书店"其实是不赚钱的,它靠"商场"才能获利。目前诚品的商场营收早已超过书店,占到了总收入的六成。

因为诚品的创新商业模式,使得已经存在千年的书店得以在互联网时代仍然有生存的空间,并且声名远播。

国内外有好几家书店学习了诚品书店的经营模式,方所书店就是其中一家。2010年,方所创始人毛继鸿在深圳万象城看见餐饮区人头涌涌,而服装店则门可罗雀。"我当时就有一个特别强烈的感觉,单品牌销售是一个很无聊的事情,不仅浪费人员和资源投入,本来是公共空间的商场又被划分成一个个单独的空间。"回想起当时的景象,毛继鸿如是说。

2011年年底,在实体书店没落的背景下,"方所"在广州横空出世。占地1800平方米的广州方所有来自世界各地的50000多种出版物,超过90000册书,内容覆盖设计、建筑、文学、艺术、电影、诗歌、美食、心理学等,是集图书、生活用品、咖啡、展览与服饰时尚于一体的立体文化空间。

方所与其说是一个零售终端、一个集合店,倒不如说是一个独特的文化组合,它涵盖了书店、美学生活馆、咖啡店、艺廊与例外等品牌服装服饰。书带来的人流量和媒体效应会辅助其他业态,这是互相成就的一个集合业态。

类似的案例还有很多，在国内通信领域，移动、联通和电信三足鼎立，由于产业保护，国际上的通信运营商难以进入国内运营，所以虽有竞争，但每家的日子过得都还算不错，因为这三家形成了经济学意义上的寡头垄断。而微信的出现，使通话成为免费，让舒舒服服地收了十几年通信和短信费的三大通信巨头大惊失色。

瑞星、金山毒霸等电脑杀毒软件收费，但360杀毒软件全部免费，这颠覆了整个电脑杀毒市场。

电商巨头阿里巴巴创立的浙江网商银行，没有营业网点，没有信贷员，只是通过云端大数据，几分钟就能完成一笔贷款。这对传统银行的冲击，你能感受到吗？

跨界的，从来不是专业的，创新者以前所未有的迅猛态势，从一个领域进入另一个领域。门缝正在裂开，边界正在打开，传统的广告业、运输业、零售业、酒店业、服务业、医疗卫生等，都可能被逐一击破，新的商业模式正在不断诞生。

第二十六章 > 网红的变现模式是怎样的

2016年3月19日，自媒体红人Papi酱获得由真格基金、罗辑思维等投资机构联合注资的1200万元人民币，业内人士预测Papi酱估值已达到1.2亿元。Papi酱自称"一个集美貌与才华于一身的女子"，从2015年10月起开始在网络上发布原创短视频，凭借犀利的吐槽和夸张的演出迅速走红网络，短短四个月时间粉丝已突破千万，被封为"2016年第一网红"。

Papi酱获风投的新闻又一次引发了大众对于网红的关注。最近一年，伴随着网红与娱乐圈明星的绯闻及网红惊人盈利能力的曝光，"网红"已成为年度最热词汇之一。然而，网红为什么这样红？网红主要的变现模式是什么？这些模式有何优势和瓶颈？网红未来的发展方向在哪？

网红是指具有个性化魅力，通过借助各种互联网媒介（社交平台、视频平台、电商平台等），在与网民的互动过程中，通过极强的互动能力吸引大批粉丝关注从而走红的人。网红不仅包括颜值美女，还包括在微博、微信、豆瓣等社交平台活跃的各垂直领域的意见领袖及达人，包括游戏、美食、宠物、时尚、教育、摄影、财经等领域。网红的产生不是自发的，而是在网络媒介环境下，网红、营销团队、传统媒体及受众等利益共同体综合作用的结果。

网红的出现有其必然性,在去中心化时代,微博、微信、电商等平台的发展为网红从点到面的扩散提供了契机,文化娱乐产业借助互联网快速发展,主流网民的个性化追求热情高涨。

网红通过富有人格化魅力(不仅仅是美貌)的个人特质,专业化的知识,使用多样化的呈现方式(文字、图片、视频等)通过各种互联网平台(微博、微信、电商平台等)与网民粉丝互动,快速传播与放大。

从严格意义上说,"网红"并非新生事物,我国网红从产生到高速发展大致经历了三个阶段。

一、第一阶段:纯情文字(1994年—2000年)

网络基础:中国接入互联网初期,网速慢,网民获取信息以文字信息为主。

代表人物:痞子蔡、安妮宝贝等。

人物特质:才情和文笔。

成名方式:文字。

成名的平台:主要是文学网站及社区,如榕树下等。

商业模式:比较常规,从网红转为传统的作家或文字工作者,靠出版物或从事文字工作获利。

该时代网红关键词:文字、纯情。

二、第二阶段:标新立异(2000年—2010年)

网络基础:网速加快,进入图片信息时代。

代表人物:芙蓉姐姐、凤姐、奶茶妹妹、韩寒等。

人物特质:以"奇"致胜。

成名方式：博人眼球的炒作。

成名的平台：博客、BBS，如猫扑社区、天涯社区等。

商业模式：走向成熟化，开始出现专业化的运作团队，从商业演出、代言活动中获利。

该时代网红关键词：博人眼球、炒作。

三、第三阶段：个性飞扬（2010年至今）

网络基础：互联网飞速发展，进入富媒体时代，短视频、直播等兴起。

代表人物：回忆专用小马甲、张大奕、雪梨、Papi酱、艾克里里、咪蒙等。

人物特质：个性化特质／专业化能力。

成名方式：作品（内容）／直播。

成名的平台：社交媒体、直播平台等，如微博、微信、电商平台等。

商业模式：有完整的网红产业链，通过广告、商品、虚拟礼物等多样化方式变现。

该时代网红关键词：多样化、个性化。

四、中国网红火爆的原因

（一）需求个性驱动

消费人群个性化：2015年我国人均教育文娱支出占总消费支出的11%。"80后""90后"作为主力消费人群，消费倾向个性化，从满足功能需求向满足心理需求转变，社交媒体上信息逐渐分层，满足不同层次的信息需求口味。

（二）内容丰富带来多样化的体验

当前的泛娱乐时代，内容十分丰富。2016 年中国泛娱乐产业发展迅速，娱乐思维不断重塑人们的生活方式和思维方式，每个人都可以是创作达人。网红作为产出主体，提供内容呈现出多样化的特点，以泛娱乐、专业知识／技能、热点事件等方式切入市场，为不同层次和需求的用户带来多样化的内容体验。

（三）多样化的渠道提供了便利

社交媒体迭代不断加快，除了微博、微信等综合性社交平台，行业内同时涌现出如秒拍、美拍、B 站之类的大量垂直平台，社交媒介环境越来越朝需求、兴趣、爱好、个人追求等方向细分和延伸，为具有个性化特征网红的出现及裂变式传播提供了土壤。

（四）技术支持

宽带提速、4G 技术发展，使流媒体传输及加载越来越流畅；手机的便携性使随时随地直播及观看直播成为可能；进入直播行业的技术门槛降低，企业可借助第三方的云平台及云服务来实现，大量移动直播平台如雨后春笋般涌现。

（五）资本助推

网红因其聚集流量及变现的能力逐渐被资本市场关注，网红个人如 Papi 酱、同道大叔，网红经纪公司如如涵电商、美空网等先后获得投资，资本的加入推动网红市场的进一步火热。

伴随着网红面貌和特征的变化，"网红经济"的概念在近两年被提出，几个重要的时间节点包括：

1. 2014 年"双十一"，淘宝女装店铺前十名中有八个为网红店铺，新一代网红的商业变现能力得到大众的关注；

2. 2015 年 8 月，淘宝网举办"网红现象研讨会"，正式提出网

红经济的概念;

3. 2015年"双十一"期间,网红店铺仍占据淘宝女装个人店铺前十的八个席位,数十家网红店铺销售额达2000万~5000万元人民币。

五、网红经济的发展

网红经济的发展主要有以下几个原因:

(一)用户愿意为个性化内容及价值认同而埋单

消费有两重含义,一重是消费的自然属性(指产品功能),一重是消费的文化属性(商品的社会象征性,它可以成为某种社会地位、生活方式、生活品位和社会认同等符号)。随着社会的发展,人们特别是"80后""90后"群体不仅愿意为了产品功能而付费,也愿意为了表现品位和个性及文化认同而付费。这一定程度上为粉丝基于支持网红的意愿而消费提供了基础。

(二)网红向网红经济的转变

用户愿意为个性化内容及价值文化认同而付费。获得用户认同的网红提供可供消费的资源,用户愿意为这种资源埋单,双方共同作用,从而促使网红向网红经济转变。

(三)网红寻求资源变现

网红寻求资源变现:网红在获得大量粉丝后,高度聚集了大批有效流量,开始基于已有的社交资产及流量资源,通过营销服务、销售商品(服装、化妆品等)等寻求商业化变现。而这与用户的消费心理从功能性向文化性转变相契合。

(四)网红经济市场规模超过千亿

按照淘宝上"网红店铺销量=网红数量×平均粉丝量×转化率×客单价×年重复购买率"的计算逻辑,保守估计,目前网红电商的市场规模约为1000亿元人民币。考虑到其他网红商业模式的存在，网红经济的实际规模会远远超过这一数值，网红产业市场前景广阔。

六、网红经济的商业模式

早期的网红经济，依赖于社交早期形态的快速传播和扩散，形成的更多是注意力经济，即通过不断出位获取关注度，其变现能力相对较弱，未能形成规模的经济效益。像网红1.0时代的网络红人仅能通过稿费或是版税取得收益，以芙蓉姐姐为代表的网红2.0也多是以线下通告活动获取一定的收入。

如今，网红经济已经开始转变为影响力经济，以大量的粉丝为核心，具有极强的影响力、变现能力，主要通过电商、广告代理等渠道进行变现。

网红经济的商业模式，可以简单总结为网红依赖社交网络的发展和自身内容的输出成为具有影响力的关键意见领袖，然后将用户生产内容深化或向专业生产内容转化，增强与粉丝之间的黏度及其认同感，通过影响粉丝的某些行为实现变现。

（一）社交平台是网红人气的来源和基础

无论是微博，还是新兴起来的短视频、直播平台，它们都像是一个极大的流量"蓄水池"，网红需要通过自身的内容输出将"蓄水池"中的流量引流变现。

在各类社交平台中，微博以"弱关系、开放式"的特点成为最大、最容易实现影响力变现的社交平台。2015年微博影响力峰会上，微博宣布月均阅读量高于10万的"头部作者"有25.3万人，每条微博的平均阅读量达到9800次，而这些作者在2015年前11个月内共计获得收入超过2亿元，平均每位作者年收入近800万元。其中，来自微博的广告分成收入达 1.28 亿元,仅粉丝打赏就给作者带来超过 4400 万元收入。付费阅读推出不到半年,200 多位作者获得 2800 万元收入,这都与活跃在微博上的网红和意见领袖的影响力变现能力是分不开的。

(二)网红经纪公司是网红的主要供给方

如今,网红靠自己搏出位的机会越来越少,依靠专业和优质的团队打造、包装与营销才是大趋势。如杭州如涵、杭州缇苏等网红经纪公司就将一些单打独斗的网红聚集起来,进行公司化运营。平日里,网红利用自己的人气和魅力负责在微博、微信等社交平台上对自己的粉丝群进行定向营销,平台则将精力集中在店铺的日常运营、供应链建设及设计上。另外像网红商学院、网红学院这种 IP 打造机构,可以通过内容方面的策划将网红 IP 化,形成多领域的变现。

在国外,这类网红经纪公司相对成熟一些。Maker Studios(被迪士尼收购前)是全球最大的网红经纪公司,旗下拥有数万名网红,覆盖全球几十亿粉丝,Maker Studios 开创的多频道网络播放平台模式,已成为美国网红经济的典型模式。Maker Studios 有自己的签约团队,根据每个网红的粉丝量、流量、影响力和变现能力进行分类签约,然后通过大数据分析,比对网红所处的垂直领域,制作专业的吸粉视频,帮助网红持续创造内容,盈利模式主要是广告分成。

(三)网红流量的变现渠道

目前网红经济变现的渠道主要是电商、广告、直播平台打赏等,其中广告是初始阶段的变现模式,而网红电商则是目前最有利的变现模式。

针对不同类型的网红变现方式有所不同。时尚网红大多建立自己的个人服装品牌或通过其他电商平台实现变现,像张大奕 eve 建立个人品牌吾欢喜的衣橱，年销售额超过3亿元人民币。内容网红的变现模式则相对多元化一点，他们可以依靠广告来获取收益，像Papi酱的视频广告贴片拍出2200万元人民币；也可以将自身内容转化成IP输出，像同道大叔通过出售星座周边将自身IP输出，实现变现。对于主播网红，更多是在直播期间，通过表演让粉丝送虚拟礼物打赏变现。

七、网红项目的投融资情况

根据36氪数据显示，截至2016年7月，共有28个网红项目获得了融资，项目披露的融资规模约为3.44亿元人民币，预计总融资规模超过6亿元人民币。在已披露融资金额的项目中，快看漫画以1亿元的B轮融资成为目前获得融资金额最高的网红项目（见表26-1），项目背后的网红是陈安妮，其总用户数突破3500万，月活跃用户人数突破1200万，日活跃用户人数更是突破450万。

表26-1 知名网红项目投融资情况（仅节选部分项目）

类型	名称	投资时间	投资机构	轮次	融资金额	币种
内容IP	暴走漫画	2014/9/1	联创永宣	C轮	数千万	人民币
		2013/1/1	创新工场	B轮	数千万	美元
		2012/5/1	盛大集团	A轮	数百万	人民币
	快看漫画	2015/12/11	未透露	B轮	10000万	人民币
		2015/4/6	未透露	A轮	300万	人民币
	Papi酱	2016/3/19	真格基金、罗辑思维（已退出）、光源资本和星图资本	天使轮	1200万	人民币
流量变现	如涵电商	2015/10/26	君联资本	B轮	1200万	人民币
		2014/12/1	赛富基金	A轮	未透露	人民币
	缇苏电商	2016/5/3	光线传媒	B轮	3000万	人民币
		2015/8/26	未透露	A轮	数千万	人民币
KOL	大家CARS	2016/1/1	未透露	A轮	600万	人民币

经过研究发现，目前投资机构认为单个网红没有什么投资价值，因为人们是喜新厌旧的，追求的是新鲜感，单个网红很难持续生产出新鲜的东西；另外投资单个网红的风险相对较大，这种风险一方面来自于网红的人身健康风险，另一方面来自于道德风险，单个网红可能会因为一些言论或思想而被封杀（比如 Papi 酱）。

在网红经济的产业链中，投资机构更愿意投资有内容 IP 的网红项目。例如，投资机构愿意投资一些意见领袖，因为他们的粉丝黏度相对较高，号召力、变现能力及抗风险能力都相对较强；此外，投资机构也愿意投资一些网红经纪公司或是网红电商平台，因为这些项目具有搭建网红平台的能力，变现能力较快。

八、网红经济的展望

（一）直播平台更加专业化、监管更严格

网红未来依然会依赖于社交平台，这是视频产业的特性决定的，从长视频、短视频到直播，社交的属性在不断增强，直播能够成为热点的原因就在于它能通过内容达到更多的互动，直播这一行业在未来的内容将会更加专业化，变现能力更强。

而在繁荣发展的背后，直播平台开始频频出现数据造假、游戏代打等丑闻。其中最为出名的数据造假事件则为原 WE 队员"微笑"，在斗鱼进行直播时，显示观看人数竟然超过 13 亿，基本追平我国总人口数量，而我国网民数量也仅有 7 亿而已；2016 年 6 月，斗鱼主播阿怡被王思聪指出有代打行为。另外，今年文化部还公布斗鱼、YY、熊猫 TV 等多家网络直播平台因涉嫌提供含宣扬淫秽、暴力、教唆犯罪等内容的互联网文化产品，被列入查处名单。

对于直播平台监管中出现的空白地带，未来会逐渐被填补。也

就是说,对于直播平台的监管会逐渐严格,主要采取"行业自律+外部监管"并举的方式规范直播平台的发展。从长期来看,无论是对直播产品还是网红的发展都是利好的。

(二)IP化网红促进网红经济发展

IP是英文intellectual property(知识产权)的缩写。随着市场的成熟,仅凭"网红脸"刷淘宝店或接受打赏的模式将受到挑战,因为人容易喜新厌旧,而且本身特质会受到年龄的影响,所以未来网红的发展都会向优质的原创内容上靠拢,只有持续产生内容形成IP或是有深耕的垂直领域,网红才能实现多领域的流量变现,才能获得更为长久的生命力。

同时,网红未来将持续产出优质内容、形成有效的管理机制及进行专业化运营。随着越来越多新一代网红的涌现及已经初具雏形的网红变现模式,网红经济的未来不可小觑,商业会倒逼网红的淘汰或转型。

IP已经成为一个投资热点,上市公司凯撒股份以5.4亿元人民币收购杭州幻文科技发展有限公司100%的股权就是一个典型案例。杭州幻文是一家IP运营服务公司,2011年成立时注册资本138万元,拥有网络文化经营许可证、出版物许可证,主要以移动互联网、优质版权为依托,推行"泛娱乐"战略,打造"幻文互动娱乐"品牌,主要业务覆盖文学、游戏、影视、动漫等领域。凯撒股份之所以高价收购,主要就是看中了杭州幻文的IP品牌价值。

第二十七章 > "××联"商业模式的利弊分析

近年来,在国家"互联网+"和供给侧结构性改革战略背景的深刻影响下,一批整合行业上下游产业链的B2B供应链服务平台涌现出来,有效地推动了一批传统产业转型升级,帮助传统企业与互联网和金融资本有效融合,构建产业新业态与新商业模式。

一、众美联

"民以食为天",中国是一个消费大国,餐饮业市场巨大,年营收超过3万亿元人民币,食材采购规模达8000亿元人民币,但中间渠道链接太长,损耗太多。食材供应B2B+O2O平台的出现是整个餐饮行业产业链的延伸,是餐饮行业的一次全新变革。传统的食材采购受区域、季节、价格等影响很深,食材供应平台的搭建促进了南北方原料的互通,可提供的菜品多样化,减少了中间环节,是降低餐饮企业采购成本的一种新方式。此外,它为供货商和餐饮企业之间搭建了一个进行信息互通的平台。

供应链管理并非简单的采购。对大型餐饮企业而言,每天面临数量众多且种类繁杂的采购需求,并且要保证几千家餐厅供应的高效、稳定与安全，只有通过科学系统的管理才可能实现。

在此背景下，众美联这一食材供应链电商平台于2014年12月11日上线。众美联平台由中国40余家餐饮一线品牌企业联合发起，聚焦行业核心资源，汇集全国100个城市1500家领军品牌，辐射60000家品牌终端门店，以全供应链为切入点，运用信息化手段深耕产业链垂直细分领域；采用平台交易撮合＋自营贸易＋供应链集成服务三位一体B2B全产业链供应体系的平台运营发展模式，借助强大的行业资源及平台技术优势，整合行业上游品牌供应商，为下游的餐饮饭店采购企业提供低价、透明、优质的采购服务；深度针对餐饮饭店行业，为综合性酒店、中餐厅、各式休闲餐厅、团餐及快餐企业提供一站式采购解决方案，为企业直降采购成本20%~30%，同时引入供应链金融服务，实现企业信用变现，构建行业信用及食品安全源头追溯体系，形成产业端和消费端大数据集成与运用，最终完成产业价值生态圈的构建（见图27-1）。

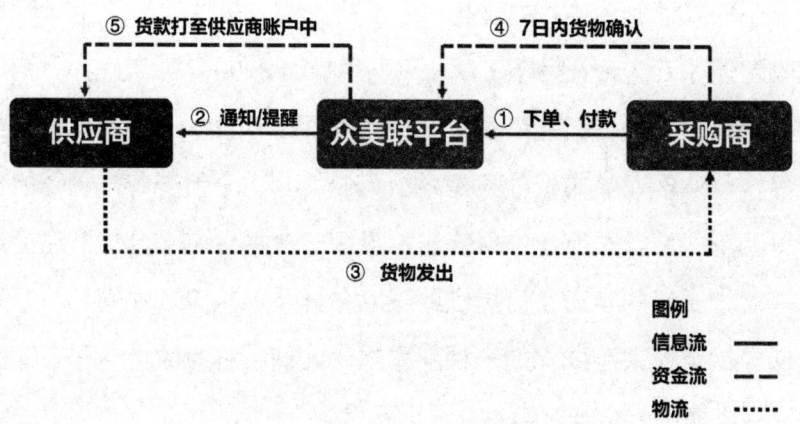

图27-1 众美联平台商业模式图

二、众陶联

众陶联是全球首家 B2B+O2O 陶瓷产业链集采平台,诞生于 2016 年 3 月,由广东省佛山市众多陶瓷品牌企业响应国家供给侧结构性改革战略,寻求陶瓷产业转型升级而抱团发起。通过线上平台模式,让陶企与原、材、物、料供应商直接对接,减少中间环节,通过网络实现更快、更方便的产品交易和配送,简化采购流程(见图 27-2)。

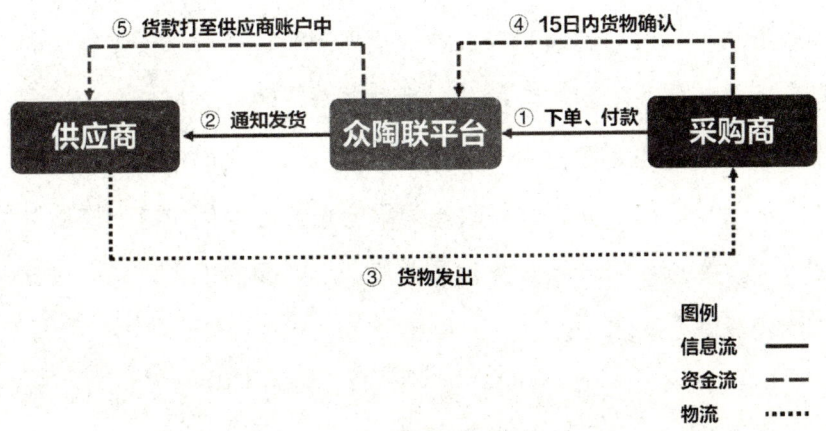

图 27-2 众陶联商业模式图

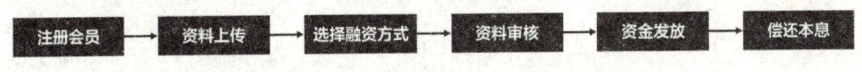

图 27-3 众陶联旗下众陶融企业融资流程

众陶融业务主要优势有以下几点:

(一)账单质押

供应商可将在平台生成的发货账单进行质押,e 陶通为供应商提供账单融资服务。

（二）账期灵活

众陶融为客户提供了账期灵活的金融服务，满足不同客户的各自需求。

（三）信用可累计

众陶融实时记录客户每一笔交易，根据客户的资信状况进行综合评判，对客户的授信额度进行调整。

众陶联模式下，供应链是切入点。众陶联借鉴阿里巴巴的 B2B 平台模式，去掉陶瓷产业采购链的中间环节，避免传统的供应模式中原材料采购价格不透明带来的一系列问题。通过平台供应链的交易，去中间化，抑制灰色收入，对陶瓷产业的生态起到净化作用，不论是供应商还是陶瓷生产制造方，都会因此获得相对更加透明、合理的采购价格。同时众陶联还为平台企业提供供应链融资服务，加大在技术创新、产品研发和品牌营销等方面的投入，从而推动国内陶瓷业做大做强。

三、美衫联

美衫联是浙江濮院羊毛衫城发展股份有限公司、海盐桐基羊绒纺业有限公司、浙江浅秋针织服饰有限公司等毛衫产业内企业共同发起成立的一个创新型产业互联网平台，通过供应链融资服务解决毛衫企业发展中融资难的问题，用互联网手段解决毛衫产业整合的问题，开创了"毛衫产业＋互联网＋金融资本"的新模式，对毛衫产业进行深度垂直整合，达到毛衫企业力量倍增、抱团发展的目的（见图 27-4）。

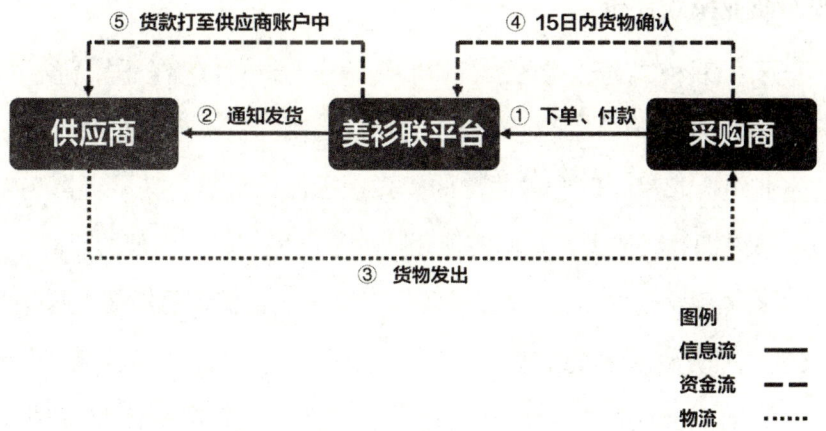

图 27-4 美衫联商业模式图

在美衫联商业模式下,平台收入来源主要有平台交易佣金(按交易金额的 3% 提取)和供应链融资佣金(按融资金额的一定比例提取)。

美衫联通过给产业内企业提供降成本、解决融资等利他性服务提升平台自身价值。平台从毛衫行业的原辅料供应链入手,通过集中采购、源头直供等方式实现阳光采购,实现采购方与源头方的直接对接,降低企业成本,可以降低中间商成本 5% 至 10%。同时,美衫联也将着手解决毛衫企业线上线下融合难题,为平台企业提供供应链融资服务,通过该平台的整合效应,让传统毛衫行业中规模较小、接收信息渠道较窄的企业正确利用互联网来获得效益,联同平台内的优质企业打造线下实体体验端,多方面解决企业难题。美衫联的整合平台可以从各个方面消除中间环节,进行毛衫产业各个环节的集中采购,显著降低企业生产成本,拓宽毛衫企业利润空间。

四、商业模式评价

××联模式通过与各个行业的品牌企业进行战略合作,通过按采购额折合股份占比来分配企业的股权比例。将一个行业最具活力的企业组合起来,以开源共赢的模式进行优化重组,其平台影响力可以获得指数级放大,从而实现团队力量倍增、抱团发展的目的。

××联平台的运营策略,主要是放大平台自营贸易规模,通过联合集中采购吸引更多的上游供应商,在让上下游都获益的情况下,不断优化整个产业供应链,让整个产业生态体系更具活力。每个参与企业根据其采购量大小拥有平台相匹配的股份,这种模式真正做到了合作共赢。

(一)××联模式的亮点

××联业务模式是在对各种合伙模式的优劣势进行充分的研究分析后总结出来的一种商业模式,它具有以下几个亮点:

1. 思想理念高度一致。

××联是以参与者的实际需求参与整体商业模式来打造综合平台,从股权入手,按需入股,按股分利,在统一的商业模式下共享平台和资源。在源头和商业模式上解决了合伙人模式存在的思想理念难以统一的弊端。

2. 按入股比例分配利益。

从××联模式的源头——资本端来说,按照对平台实际需求大小出资入股,平台所产生的利润也同步反馈给出资者。平台的逐步成长,参与者也可以按照股权多少分享收益,就不存在合伙人模式中的利益冲突。

3. 统一由专业团队管理。

××联解决了股权这个顶层问题,做到了由平台进行集中管理,统一整合自上而下的供应链,实现集中采购,资源高度共享,使组合起来的力量处于高效而一致的管理之下。

4. 技术较为先进。

××联供应链技术平台充分摄取了国际领先的 B2B 平台技术，并与中国部分传统行业供应链实际需求相结合，打造出具有国际领先水平的供应链综合服务平台。在顺利实现上下游企业交易的基础上，平台通过建立数据中心对平台交易生成的大数据进行采集和分析，帮助传统行业供应链的供需双方实现电商化和信息化，更好地推动行业发展。

（二）××联模式存在的一些问题

1. 自营贸易模式推高了平台成本。

众美联、众陶联、美衫联三个平台在为供货商、采购商提供交易撮合服务的同时，还采取自营的模式，这对新成立的平台来说，加重了平台的运营成本，不利于后续大规模快速扩张。

2. 实力较弱，难以和成熟的供应链企业竞争。

供应链管理服务模式随着全球经济一体化进程的加速而兴起，越来越多的企业加入到供应链服务的行业中来，这其中既有传统物流商，也有新兴供应链服务者的加入，供应链市场竞争格局日趋白热化，××联平台是近几年才诞生的新型供应链服务平台公司，资金实力和运营管理经验显然不足。

3. ××联平台供应链金融服务自身风险较大。

××联平台在为传统产业企业提供供应链整合服务的同时，还为平台企业提供了供应链金融等金融支持业务，但由于供应链参与者众多，受到诸多内外因素的影响，混乱和不确定成为市场的主要特征，需求波动剧烈，受到销售促进、季节性刺激和再订货数量等因素的影响，供应链产生混乱。与此同时，企业不仅受到诸如自然灾害、罢工等外部事件的影响，同样也会遇到企业战略调整的冲击，如经营模式的改变、电子商务及减少供应商规模等，这些改变都潜在地增加了××联平台供应链金融自身的风险。

在投资界也有类似的模式，最典型的当数成立于1999年的中国城市房地产开发商策略联盟，简称中城联盟，是由房地产行业内最具影响力的十几家企业，包括深圳万科、北京万通、河南建业等联合发起，全国各主要城市的品牌开发商以平等互利为原则组成的行业策略联盟。中城联盟带有房地产行业协会的性质，2002年9月28日，以中城联盟为依托的上海中城联盟投资管理公司成立，创始股东12家，每个创始股东的股权比例只有2%～3%，其余是管理层的股份，注册资本1亿元人民币。经历14年的发展，现已成为拥有股东55家，注册资本16.36亿元人民币，管理资金超过百亿，有64家优秀企业，项目分布在全国100多个主要城市的极具影响力的行业联合体。通过践行联盟的四大理念"信息共享、联合培训、联合采购、联合融投资"，整合各方优势，实现互助共赢。

由中国百强上市公司评委会等发起的中国上市公司百强基金联盟也正在用这种方式打造百强基金，将由多家上市公司和专业团队联合发起上市公司百强母基金，由专业团队组成的管理公司——星桓资本进行管理，实现百强上市公司的协同发展。

舍得联盟作为国内大型创业者社群，其实体产业的发展思路也应用到了××联模式。联盟依托大数据开展裂变式创业，已经发展出的实体产业有惊喜商城、舍得顺赢创投、舍得国际商学院、舍得旅游、舍得慈善等，为了协调各产业的发展，实现1+1>2的效果，联盟采用共同决策制，以实现合理配置资源，实体产业稳步发展的目标。

综上所述，××联模式类似于软件系统中的开源模式，按需参与，利益共享。虽然在发展初期会遇到各种各样的问题，但为企业减负，给企业增收，做强做大产业是不变的趋势。灵活的××联模式，会吸引越来越多的企业家进行细分行业的资源整合尝试，推动行业实现更好更快的发展。

第二十八章 > 十年打造三家上市公司的团队神话

携程、如家、汉庭这三家公司因为在大消费领域,针对的客户是广大普通民众,想必大家对它们都耳熟能详。但你知道这三家公司的创业者是同一批人吗?

季琦、梁建章、范敏、沈南鹏四位是上海交通大学的校友,也是上述三家公司的共同创始人。

一、携程

携程诞生之前,中国"自助"出行的商务、休闲旅客在获取住宿与机票预订信息方面都会遇到很大的困难——要了解遥远而陌生的城市有哪些酒店,其档次、区位、价格等信息绝非易事。瞅准了这一市场,携程的创业者们引入美国当时已经非常成熟的商业模式,并结合国情进行本土化的改造。1999年5月,梁建章、沈南鹏、范敏、季琦四人出资200万元创办了携程。季琦在谈到创业缘由时提到了两点:一是财富的梦想,当时的四人都没什么钱;二是四人心中的理想。在1999年3月,季琦与校友梁建章商议开个网站公司,于是他们找来精通投资的沈南鹏,由梁建章和季琦各出20万元,各占 30% 的股份，沈南鹏出 60 万元，占 40% 的股份，新公司就搭建起来了。由于美国互联网的热潮和自身对旅游的热爱，他们三人决定开办一个旅游网。但是这个团队中，梁建章是搞技术的，沈南鹏是弄投资的，季琦是开公司的，还差一个熟悉旅游业的。于是他们找来了精通旅游业的范敏。四人的职位分别为：董事长兼 CFO 沈南鹏；CEO 梁建章；总裁季琦；执行副总裁范敏。网站名暂定为"游狐"（后来改为携程）。携程最初的模式就是电话订房，通过建立中国最早的呼叫中心，也通过机场、火车站等人群密集处发放携程卡，迅速占领了寻找酒店的市场。

资金匮乏成了携程网当时面临的最大难题，季琦和他的创业团队，借助协成科技的办公室开始了运作。由于携程网本身的发展潜力和盈利前景，像当时很多的互联网公司一样，它很快引入了风险资本（见表 28-1）。

表 28-1 携程历次获得投资统计表

轮次	涉及金额（万美元）	所占股份	投资机构
天使轮	43	12.5%	IDG 资本
A 轮	50	无	IDG 资本
	50	无	上实控股
	100	无	晨兴创投
	150	无	兰馨亚洲
	150	无	软银中国
B 轮	28.8	无	兰馨亚洲
	100	无	软银中国
	130	无	上实控股
	800	无	凯雷集团
C 轮	1000	8.85%	老虎基金

数据来源：根据携程《招股说明书》整理得出

在获得资金的同时，携程迅速抢占市场，扩大市场份额。在2000年11月收购北京现代运通订房中心，同时公司进行了职位调整，在2000年上半年，季琦和梁建章曾一起担任了半年的联席CEO，下半年，季琦改任总裁，CEO由梁建章担任。2002年3月，携程并购北京海岸航空服务有限公司，成为国内酒店预订和机票订购的领头羊。

2003年12月9日，携程在美国纳斯达克上市，证券代码为CTRP，初始发行价18美元，开盘价24.01美元，当日收盘价33.94美元，上市首日市值约为2.7亿美元。本次IPO中，凯雷集团套现922万美元，IDG资本套现263万美元，上实控股套现208万美元，软银中国套现173万美元，晨兴创投套现173万美元，风投机构分享了这场资本盛宴。

目前，携程向超过五千万注册会员提供包括酒店预订、机票预订、度假预订、商旅管理、特惠商户及旅游资讯在内的全方位旅行服务。携程拥有国内外5000余家会员酒店可供预订，每月酒店预订量达到50余万间。

二、如家

在发展过程中，携程发现，很多客人需要的并不是昂贵的五星级宾馆，也不是遍地的低端招待所，而是价格适中、干净实用的中档宾馆，而这种类型的宾馆恰恰是当时国内最缺少的。在这一背景下，如家酒店连锁在2002年应运而生。

如家被视为风险投资的杰作。2002年，携程与首旅集团共同投资建立如家快捷酒店，启动资金只有1000万元人民币，仅有5家酒店，487间客房。现在如家旗下拥有如家快捷酒店、和颐酒店两大品牌，已在全国30多个省和直辖市覆盖150多座主要城市，拥有连锁酒店900多家，形成了业内遥遥领先的连锁酒店网络体系。

表28-2 如家历次获得投资统计表

轮次	涉及金额（万美元）	所占股份	投资机构
A轮	400	无	梧桐创投IDG资本
B轮	80	无	梧桐创投IDG资本
C轮	500	5.97%	海纳亚洲

数据来源：根据如家《招股说明书》整理得出

在引入包括IDG、美国梧桐创投、海纳亚洲等境外战略投资者后（见表28-2），如家开始了大规模扩张。2006年10月26日，如家快捷酒店正式在美国纳斯达克挂牌上市，开盘22美元，高出发行价59.4%，中小企业融资金额达1.09亿美元。这是2003年沈南鹏和他的创业团队将携程网带上纳斯达克后，第二次带领企业登陆纳斯达克。

三、汉庭

在建立如家的过程中，如家团队又发现一类特殊的人群——商务客人。因为当时电脑还不普及，上网也不方便，并且网费昂贵，为了便利商务客人，在如家酒店设施的基础上，在房间里安装办公桌、电脑和上网设备的一家新公司——汉庭又诞生了。

2005年初，汉庭在中国正式创立，同年8月，第一家门店开业。2006年底，汉庭连锁酒店第34家开业。2007年年底，汉庭连锁酒店第74家开业。2008年底，汉庭在全国开业门店数达到近200家，签约门店总数近250家，完成了全国主要城市的布局，并重点在长三角、环渤海湾、珠三角和中西部发达城市形成了密布的酒店网络，成为国内成长最快的连锁酒店品牌之一。目前，汉庭在全国范围内共有超过1600家门店。

汉庭连锁酒店采取了多品牌策略。在季琦看来，经济型酒店也可以进一步做市场细分：一个企业的中高层管理者和一个出去度假的大学生可能都会选择经济型酒店，但他们对酒店的要求是不一样的。同样是200元左右的经济型酒店，对于一个中高层管理者来说可能不能满足他们的要求，而对于一个大学生来说又太贵了。基于这个理由，季琦将经济型酒店划分为中档、经济和廉价三个层次。在汉庭连锁酒店，这三个层次分别对应的是三个品牌，覆盖了经济型酒店定位金字塔从中低端到中高端的区域。

目前，汉庭旗下有汉庭全季酒店、汉庭快捷酒店和汉庭海友客栈三大品牌。在汉庭连锁酒店的三个品牌中，价格定位最高的是汉庭全季酒店，前身是汉庭连锁酒店，价格在250～400元不等，价格定位和三星级酒店差不多。价格定位适中的是汉庭快捷酒店，价格在150～300元之间，是汉庭主打的经济型酒店品牌，目前占汉庭连锁酒店总数的90%。汉庭海友客栈则是汉庭建立的一个廉价酒店品牌，价格定位在70～150元之间，主要针对的是年轻白领和大学生。

表28-3 汉庭历次获得投资统计表

轮次	涉及金额（万美元）	所占股份	投资机构
A轮	2500	无	鼎晖创投
	2000	无	IDG资本
	2000	无	成为基金
	1000	无	北极光创投
	1000	无	保银资本

数据来源：根据汉庭《招股说明书》整理得出

2007年7月，汉庭以股权融资8500万美元创下中国服务行业首轮融资的新纪录（见表28-3）。

2010年3月26日，汉庭连锁酒店在纳斯达克进行首次公开募股，筹资大约1.1025亿美元。高盛与摩根士丹利将担任此次发行的主承销商。

四、三家企业成功的原因

从以上三家创造资本神话的企业发展轨迹中，我试着从中总结出它们成功的三方面原因：

（一）优秀的团队

从以上三个资本的神话中我们可以看到一个好的创业团队的重要性，携程就由这样一个"绝配"的组合——做民企出身的季琦有激情、锐意开拓；来自华尔街的沈南鹏擅长融资；搞IT咨询的梁建章偏理性、善于把握系统，眼光长远；国企出身的范敏则善于经营，方方面面的关系都平衡得好——创立出来。这是一个富有激情、各有所长且优势互补的优秀团队，这些拥有各主要相关行业丰富经验的各位创始人，将公司运营、生产、营销、财务等关键部门牢牢整合起来，形成了一个完整的、高效率的、具有独特核心竞争力的运行系统。

他们具有敏锐的商业嗅觉能力，能把准千变万化的市场脉搏和捕捉稍纵即逝的行业商机，这是当时知名投资机构对他们创办的企业进行投资的一个主要原因。正所谓投资就是投人，很显然，"携程四人组"是投资一个创业团队的典型案例。

（二）"制造公司"的新颖模式

以上三个案例给我们揭示了一种另类新颖的创业模式。

首先，商业模式并非创业团队首创，都是以国外成熟商业模式作为蓝本,并在此基础上进行本土化改良,使之适应国内的市场和消费环境。这三家企业均立足于在线旅游及经济型酒店领域,经济型酒店作为提供基本服务项目,满足中低端客户群体基本需求的饭店,在国外特别是美国的运作已非常成熟,并受到人们的欢迎,在我国有着巨大的发展空间,也呈现出良好的发展前景。这四位创始人便充分借鉴美国经济型酒店的商业模式,吸收创新,使之适应国内环境,才有了携程、如家、汉庭的诞生。

其次,由于当时经济型酒店在欧美等发达国家已经发展为一种成熟的酒店业态,在资本市场上广受追捧,投资机构对此认可度较高,因此"携程四人组"以资本市场需求作为创业的方向及领域,再凭借团队成员之一沈南鹏多年的资本运作经验和资源,使得携程、如家、汉庭在发展过程中都获得大量资金支持,更使得这三家企业能顺利在美国上市。

(三)风险投资的大力支持

以上三家企业的发展,与风险投资息息相关,它们相互依存、相互促进,风投不仅给以上三家企业资金方面的支持,还在资源整合、公司规范运作、管理提升、战略规划等方面予以支持。可以说,如果没有了风险投资,没有一家企业会有如今的成就,可见风险投资的重要性。正是由于团队中的沈南鹏擅长宏观策略和资本运作,负责公司的决策、融资、收购兼并、上市等资本运作方面的事务,才造就了这三个资本的神话,连续三次成功地将中国企业送到华尔街上。

可以看出,携程、如家、汉庭的发展完全是符合逻辑的。这些人虽然也是创业者,但更贴切地说是"company maker",即制造公司的人。这四人走的是一条不同寻常的发展道路,不循规蹈矩,在创立之初，就已经选定了公司未来资本运作的主要场所，即海外上市。他们从一开始就根据海外资本市场对行业的需求，从欧美为主的发达国家引进已有的比较成熟的商业模式，并以此为基础，在国内"制造公司"，又很快从资本市场获得融资，等到公司发展到一定程度，在资本市场退出，又进入下一轮"制造公司"的征途中。

后记

中国目前已成为全球第二大股权投资市场，越来越多的人和股权投资主动或者被动地发生关联，股权投资也越来越深地介入普通人的生活。

《资本背后，看不见的"手"：解读投资的逻辑》一书是我多年从业经验的总结，其中部分内容曾经和大学生、研究生及企业家们交流分享过，目前市场上类似主题的书籍较多，这个主题亦是一个热点话题。我感慨于社会上虽有众多的人在从事金融投资行业，也有众多的企业家和创业者活动与投资相关，但很多人的逻辑是不清楚的，项目满天飞、商业模式行不通、估值不靠谱，之所以取了这个书名，虽然未必是最贴切的，只是想对这种现象有所提醒。

本书从投资环境、投资运作、投资热点和商业模式四个方面，阐述了投资的方方面面，希望能够与众多投资业从业者和企业家们分享我的一些观点和实践，但由于篇幅和我个人的局限，只能分享投资知识的一部分，敬请读者谅解！

本书的创作，承蒙著名经济学家、投资专家陈琦伟教授的指点并亲自撰写序言，张军、朱仁华、林利军、程放四位知名人士推荐；得到了工业4.0俱乐部、云舞科技、蓝源资本、创瑞投资、众鼎集团等不同领域知名机构人士的关心和指导，北京时代光华图书公司王光海、商金龙等在出版过程中提供了极大帮助；刘婷、陆秀光、杨倩三位优秀的金融投资业年轻人在本书具体写作和修订过程中提供了很大帮助，显示了他们专业上的才华，在此一并表示感谢。

对本书中引用数据资料的原作者，无法一一表示感谢。舍得创业者联盟提供了宝贵的案例素材和运作经验，在此特别表示感谢！

由于作者才疏学浅，意在抛砖引玉，本书内容若有不足之处，敬请高手如林的投资界和企业界各位朋友批评指正！

王文革
2017年11月